AF586089

CONVIVIENDO CON EL TLP

Mi experiencia como familiar de una persona con Trastorno Límite de Personalidad

Miguel Olivares

3ª Edición Febrero 2022

Impreso en España
Depósito legal: MU2021
Registro de la propiedad intelectual: 08/2020/650
ISBN: 978-84-949615-7-1
Ilustrador portada: Fernando Ordoñez
Impresión, diseño portada y maquetación: Roberto Montes
Contacto de Miguel Olivares: conviviendoconeltlp@gmail.com

ÍNDICE

- PRÓLOGO...PÁGINA 7
- INTRODUCCIÓN..PÁGINA 9
- SOBRE LAS EMOCIONES...PÁGINA 13
- EL COMIENZO DE NUESTRA RELACIÓN..........................PÁGINA 19
- ACEPTACIÓN ....PÁGINA 26
- LAS CRISIS DE MI PAREJA...PÁGINA 32
- LA PEOR CRISIS...PÁGINA 40
- MI PEQUEÑA..PÁGINA 43
- CONDUCTAS NEGATIVAS..PÁGINA 48
- AYUDA EXTERNA...PÁGINA 53
- ¿QUÉ PUEDE HACER MI MUJER PARA MEJORAR?........PÁGINA 56
- ¿QUÉ PUEDO HACER YO POR MI MUJER?.....................PÁGINA 60
- ¿QUE PUEDO HACER YO POR MÍ, PARA SENTIRME FUERTE Y PODER AYUDAR?...PÁGINA 74
- SOBRE MÍ...PÁGINA 84
- CONCLUSIÓN..PÁGINA 100
- BIBLIOGRAFÍA...PÁGINA 107

PRÓLOGO

Convivir con una persona con Trastorno Límite de la Personalidad (TLP) es acompañarle en esa montaña rusa de emociones en la que vive y procurar no salir despedidos. Comprender el TLP da sentido a muchas situaciones que se pueden suscitar en la relación de pareja en las que se pueden encontrar perdidos. Si además quien convive con una persona que padece Trastorno Límite de la Personalidad participa en un proceso de terapia, podrá aprender y aplicar pautas que mejoren la convivencia, su propio bienestar y, de manera indirecta, el de su familiar con TLP

Leyendo el libro de Miguel me emociono, el autor se ha esforzado en aprender y comprender a su mujer, ayudarle a paliar su sufrimiento y juntos llegar a un equilibrio en la relación en común. No le basta esto y se decide a compartir su experiencia dando un mensaje de esperanza para ayudar a otros en la misma situación, lo dice claramente: "Si con mi testimonio consigo ayudar aunque sea a una sola persona, ya habrá merecido la pena el tiempo empleado en escribir este libro"

Siento un profundo agradecimiento por la generosidad con la que está escrito y si de algo estoy segura, es de que ayudará a más de una persona.

Carmen Gutiérrez de Uriarte

Presidenta de TPCARTAGENAMM Asociación de ayuda e investigación de los Trastornos de la Personalidad en Cartagena Comarca y Mar Menor

INTRODUCCIÓN

Me llamo Miguel, tengo cuarenta años, y estoy casado desde hace ocho con una maravillosa mujer que padece de Trastorno Límite de la Personalidad.

Este escrito no pretende ser ni una guía ni un manual acerca de esta enfermedad, ni yo soy psicólogo, ni tampoco psiquiatra, ni mucho menos experto en la materia. Tan solo soy una persona que ha vivido ciertas vivencias relacionadas con esta enfermedad, y he caminado muchas veces —con los zapatos ya gastados— sobre la inestabilidad que provoca. Seguramente me queda por aprender mucho más de lo que he aprendido hasta ahora. Únicamente me gustaría compartir mi experiencia, como familiar que le ha tocado convivir muy de cerca con este trastorno psicológico, y si lo estás leyendo seguramente te encuentres tan perdido como estaba yo, y me sentiría satisfecho solo con que encuentres en mis palabras alivio y esperanza. Aunque mi historia la cuento desde el punto de vista de la pareja, se puede extrapolar en la mayoría de los casos a cualquier persona con la que se esté conviviendo bajo el mismo techo, siendo una oportunidad para aprender y seguir creciendo como personas.

Aunque he leído mucho acerca del tema, acudido a charlas de todo tipo, asistido a formaciones para familiares y a diferentes terapias, no encontrarás muchos tecnicismos, y sí formas de actuar que en mi caso me han ayudado, después de muchas horas investigando acerca de cómo poder sobrellevar lo mejor posible el acompañamiento a la persona que está sufriendo. Si con mi testimonio consigo ayudar aunque sea a una sola persona, ya habrá merecido la pena el tiempo empleado en escribir este libro.

A día de hoy, todavía hay muchos estigmas sociales sobre las enfermedades mentales, y en muchos de los casos falta información o la que encuentras no se adapta a lo que necesitas, llegando incluso a confundirte aún más. Lo que tengo claro es que las cosas no se solucionan por sí solas, y que es imprescindible acudir al especialista oportuno en cada caso para que nos ayude. Parece que si te duelen los huesos, es obvio que irás a la consulta del traumatólogo, pero sin embargo, si tienes cualquier tipo de trastorno mental, no está bien visto acudir a un profesional. Incluso sin tener diagnosticada ninguna enfermedad mental, cada día estoy más convencido de que todos necesitamos en algún momento la ayuda de alguien experto que nos oriente.

Este trastorno en concreto, se caracteriza sobre todo por la inestabilidad de las emociones y la forma que tienen los afectados de percibir y sentir las cosas. Debido a la inseguridad que suelen tener, ante una crítica o un comportamiento "negativo" de alguien, pueden tener cambios de humor y pensamientos contradictorios acerca de sí mismos. El pensamiento dicotómico, del "todo o nada", del "blanco o negro", hace que no perciban matices intermedios, o todo va muy bien, o todo va muy mal, por ejemplo.

En la relación de pareja, surge además el problema de la idealización/devaluación de la persona amada, y en general las relaciones interpersonales son más complicadas de lo que ya lo son también para la gente sin este trastorno, y los comportamientos impredecibles pueden confundir a los familiares. Por el mismo motivo, estas personas pueden pensar que alguien es muy bueno si le acompaña cuando lo necesita, y al mismo tiempo muy malo al cabo del rato si esta persona tiene que marcharse. Por el permanente sentimiento de vacío, suelen necesitar en mayor medida muestras de cariño y compañía, costándole entender que los demás no puedan atender a esas necesidades en un momento determinado y culpabilizándoles de todo lo que les ocurre, haciendo así la convivencia mucho más complicada. Otro rasgo distintivo es la sensación que tienen de la pérdida del control, ya sea antes las emociones como por ejemplo la ira, o ante abusar de alcohol o comida.

Con este libro y por todo lo que yo he vivido, quiero trasmitir la esperanza, y la posibilidad de cambio y mejora para la mayoría de los casos. Dicen que el tratamiento farmacológico y psicológico no cura la enfermedad, pero sí que mejora en gran medida la calidad de vida de la persona diagnosticada y de su entorno, y permite que las recaídas sean mucho menos frecuentes y las cargas emocionales algo menos intensas. Personalmente lo considero imprescindible, y no podría separar una parte de la otra.

El tratamiento farmacológico trata de disminuir algunos síntomas como la ansiedad, la angustia, la depresión y la impulsividad, y mejorar en general el estado de ánimo. El tratamiento psicológico, por su parte, trabaja tanto sobre los síntomas como sobre la raíz de estos síntomas—para no dejar el verdadero problema sin resolver—, y también actúa para la mejora en habilidades sociales e interpersonales, en mi caso, trabajando a nivel de pareja para mejorar las dinámicas y resolución de conflictos. Nos ha ayudado tanto en pareja como individualmente, para mejorar el autoconocimiento y reforzar la identidad y el concepto de nosotros mismos.

SOBRE LAS EMOCIONES

Las emociones reflejan nuestro mundo interno y nos informan de cómo vivimos y de lo que sucede a nuestro alrededor. Esto nos permite conocernos mejor y satisfacer nuestras necesidades y deseos y entender muchas de nuestras conductas. Son una respuesta emocional de sensaciones agradables y desagradables que difieren en intensidad y duración, sensaciones que nos ayudan a afrontar determinadas circunstancias de nuestra vida. Sentimientos muy intensos producidos por un hecho, una idea, un recuerdo... reacciones psicofisiológicas que representan modos de adaptación a ciertos estímulos cuando percibimos un objeto, persona, lugar, suceso...

En el colegio nos enseñan muchas cosas, pero no a gestionar las diferentes sensaciones que podemos experimentar. Si desde pequeños nos enseñaran a identificar qué emoción estamos sintiendo y qué soluciones alternativas existen para responder ante ella, nos ayudarían muy positivamente en el futuro cuando seamos adultos. Y así continua la rueda, si los mayores en ocasiones no sabemos gestionar las emociones...

¿Cómo vamos a enseñar a nuestros hijos a comportarse frente a ellas?

Pues la cosa se complica cuando además, alguno de nuestros pequeños sufre de algún tipo de trastorno, porque luego este niño se hará grande, y los problemas en consecuencia también se harán más grandes. Según varios estudios universitarios de E.E.U.U. la educación emocional en los colegios fortalece las habilidades sociales para relacionarse con los demás, y no solo mejora la salud mental en adolescentes, sino que ocasiona beneficios para toda la vida, reduciendo la tasa de problemas de comportamiento.

Hay que ser realista, no podemos pretender vivir toda la vida en un estado permanente de paz y alegría, y debemos aceptar que el miedo, la tristeza o el enfado que muchos días sentiremos, son sensaciones necesarias e imprescindibles para aprender a manejarnos en el día a día: El miedo es fundamental para garantizar nuestra seguridad vital, siempre que no derive en algo que nos condicione y límite en el resto de facetas de nuestra vida. La tristeza nos ayudará a adquirir recursos para aceptar y superar la pérdida, enviando a nuestro entorno señales de que necesitamos, como gestos de cariño, consuelo y ayuda, pero de igual manera si se mantiene en el tiempo puede encaminarse hacia una depresión que nos haga perder el interés por las cosas que nos gustan. Por último, el enfado nos ayuda a poner límites ante situaciones que nos desagradan o que son injustas, pero lo importante es descubrir el modo de no sufrir en exceso por ello ni arremeter contra los demás.

Por suerte, todos tenemos un margen de cambio, y la capacidad de reaprender. Cualquier persona padece estas incómodas emociones, pero en el caso de una persona con Trastorno Límite de Personalidad (en adelante lo llamaremos TLP para simplificar), se incrementa exponencialmente y sufren mucho más al tener más dificultades para gestionarlas. Además, pueden derivarse en sentimientos de vergüenza, ira, celos, o desesperación, y convertirse a la larga en un problema mucho más difícil de resolver en ocasiones. De esta forma, puede ser la causa de comportamientos impredecibles y que nos desconciertan. Casi siempre hay un detonante, una causa que ha provocado este proceder, una palabra utilizada en mal momento, un gesto, o una acción que haya realizado otra persona y le haya ocasionado daño. Quizás tú te tengas que marchar porque has quedado con un cliente o con un amigo, pero la persona con TLP tenía otros planes diferentes y quería contar contigo. Al rechazar su propuesta, puede sentirse triste o enfadada, pensando que prefieres cualquier otro plan antes que estar con ella, o incluso puede sentir miedo, ya que el miedo al abandono es una característica común en casi todos los afectados.

En mi caso en concreto, a mi mujer y a mí nos costó mucho llegar a ese entendimiento, ya que nuestros inicios fueron muy intensos, permaneciendo juntos la mayor parte del tiempo, debido a que nuestro enamoramiento sucedió en un largo periodo de vacaciones. Disfrutábamos juntos de todas las horas del día y la vuelta a la normalidad —cada uno con sus horarios y rutinas—, fue complicada, con discusiones y algunos reproches de los arriba antes mencionados.

Es imprescindible entender, como sucede en cualquier relación de pareja, que es necesario el tiempo por separado y cada persona siga teniendo su espacio, y no crear aún más dependencia de lo que por sí misma ya la enfermedad requiere. Evitar en la medida de lo posible que sus emociones no dependan de tus acciones; si te deja a ti toda la responsabilidad sobre su bienestar y su felicidad, será una pesada carga que difícilmente será sostenible en el tiempo, ni para ti ni para ella.

Hay unas frases de Will Smith, con las cuales me identifico bastante, que hablan sobre la felicidad y la responsabilidad que tenemos hacia la persona que tenemos a nuestro lado:

"No podemos hacer feliz a otra persona, quizás sí podamos hacerla sonreír, o sentir bien, pero su felicidad está fuera de nuestro control". Debemos dejar de intentar hacer feliz a alguien, y con ello darle la oportunidad de que se haga feliz a sí mismo y probar que es posible. El falso concepto sobre el amor de que dos personas se convierten en uno, dista de la realidad... es decir, somos dos personas completamente separadas con dos trayectos completamente separados e independientes, que elegimos caminar juntos nuestros

caminos separados. ***Pero la felicidad de cada cual es responsabilidad de uno mismo****. Podemos decidir encontrar nuestro disfrute individual, interno, privado y separado, para después, presentarnos a nosotros mismos dentro de la relación entre ambos, siendo ya felices, en lugar de rogarle y exigirle el uno al otro que llene el vaso vacío ajeno, y que sepa y satisfaga mis necesidades. Adjudicarle al otro la responsabilidad de nuestra felicidad es injusto, irreal, y destructivo. Quizás duele reconocer esto, porque muchos hemos podido pasar gran parte de nuestra vida esperando que otros nos hagan felices. Ya sea a modo de pareja o de amistad, lo importante es poder compartir y disfrutar el proceso de vivir"*

****

Es necesario tener en cuenta que las personas con TLP son personas que sufren mucho, que tienen los sentimientos a flor de piel, que perciben la realidad de una forma muy concreta y que ante diferentes acontecimientos frustrantes su capacidad de afrontamiento se ve reducida. Por lo general, el suceso que supone más amenaza para estas personas es el abandono; el ser abandonado por alguien querido puede suponer el perder su identidad como persona, el no ser nadie, y entonces el vacío y el dolor es irresistible. A veces son estos los motivos que hacen que usen estrategias defensivas que lo único que consiguen en realidad es estar en modo combate toda la mayor parte del tiempo. Las personas con TLP (como todos los seres humanos diría yo) necesitan defenderse ante lo que les hace daño y es por ello por lo que despliegan una serie de procesos, en su mayoría inconscientes, que les ayude con esta tarea. En el caso de mi mujer, ha sido clave por mi parte ser consciente de esto, para que yo pudiera afrontar determinadas situaciones como explicaré más adelante.

EL COMIENZO DE NUESTRA RELACIÓN

Para contar mi caso en concreto, comenzaré diciendo que conocí a Sonia justo antes de empezar el verano, y tuve claro desde el principio que era el amor de mi vida, una mujer maravillosa que tenía todo lo que buscaba, cariñosa, atenta, involucrada, seductora, apasionada...

Las primeras semanas fueron muy intensas, de puro amor, y no tardamos en enamorarnos completamente y hacer planes de futuro.

Recuerdo que solo a pocas semanas de estar juntos, ya totalmente enganchado a ella y a su encanto, sucedió algo relacionado con su miedo al abandono, que yo entendería solamente meses después. En su momento me desconcertó. Estuvimos prácticamente sin separarnos desde que empezamos a salir, esa noche ella tenía cena con su familia y yo estaba realmente agotado del ritmo de toda la semana y me quedé en casa. Me comentó que me llamaría después de cenar para hablar un rato antes de dormir, pero se le hizo muy tarde y me llamó de madrugada, y para entonces ya me había quedado durmiendo. Me contó al día siguiente que se había sentido sola, que quería contarme algo que le había pasado. Después supe que esa acción le había hecho daño, porque su cabeza le hizo pensar de forma muy real que yo no quería estar con ella. Eso fue el detonante para que al día siguiente no quisiera quedar conmigo porque no se encontraba bien. Me costó convencerla para vernos porque yo no entendía nada, y fue entonces cuando me adelantó que tenía que ser sincera y que quería contarme algo importante, pero quería esperar un poco para no romper la magia de nuestro comienzo, queriendo que disfrutáramos plenamente durante algo más de tiempo. Me quedé sorprendido, pensando que podía ser tan importante para que tuviera ese miedo, tan crucial como para pensar que al decírmelo pondría en peligro la relación tan maravillosa que teníamos. No quise indagar más en ese momento, agradeciendo su sinceridad y respetando su decisión, pero notaba su preocupación. Yo ya la conocía y me encantaba... ¿qué podría cambiar en ella para que me asustara o dejara de gustarme tanto?

Una semana más tarde, quiso abrirse completamente y contármelo todo con franqueza. Admiro y reconozco su valentía, pues no es fácil decirle a la persona que quieres con el temor que ella tenía en ese instante pensando que podía perderme, que padecía de Trastorno Límite de Personalidad.

No tenía ni idea de qué me estaba hablando, aunque empezó explicándome que a veces tenía ansiedad y periodos con un estado de ánimo depresivo. Intenté ponerme en su piel, para comprender qué me estaba contando. Ella era una persona bien adaptada a todo, con su propio trabajo, y con una amplia red social, sin aparentes problemas de aceptación. Amable y simpática, y siempre pendiente de ayudar a los demás. Sin embargo, a veces sentía que algo no funcionaba, y se sentía despreciable, surgiendo su "otro yo". Ella sentía que era defectuosa y que yo no querría estar con ella cuando supiera lo terrible que podía ser.

Es fundamental tener en cuenta que **el Trastorno Límite de Personalidad, y la persona que lo sufre no es lo mismo**. Al convivir con la persona se puede confundir y pensar en ello como algo que es igual, pero no es así. Este trastorno es algo que la persona tiene y que a veces se manifiesta, no algo que la persona es. Respecto a otros casos que he conocido, mi mujer estaba bastante recuperada, pero llevaba sufriendo esta pesadilla desde la adolescencia, sin saber qué le pasaba, y hasta que dieron con el diagnóstico, y acertaron con la medicación, vivió varios años de sufrimiento. **Lo único que ella me pedía es que la escuchara cuando no pudiera más, y que permaneciera queriéndola y abrazándola a su lado, aunque me estuviera alejando con su comportamiento**, y sobre todo que no la dejara ir y que yo no permitiera que se alejara de mí cuando quería tirar la toalla. La quería de tal modo, que pensé que todo aquello no sería para tanto, y que juntos podríamos llevarlo sin problema para adelante. Y podemos llevarlo, pero los familiares también necesitamos ayuda, para dejar de culpabilizarnos, de preguntarnos qué estamos haciendo mal para llegar a esta situación o qué podríamos cambiar con tal de mejorar la situación que vivimos.

Esta enfermedad mental en concreto es muy complicada, porque es imprevisible y la falta de información que hay al respecto es poca y varía demasiado, haciendo que todo sea más complicado. Además, el TLP suele ir mezclado con rasgos de otros trastornos, así que no hay un patrón exacto para hacerle un seguimiento muy eficaz. Al principio, cuando empecé a leer por internet, veía cantidad de cosas que me asustaron. Hay que tener mucho cuidado con la información que encontramos, y no en todas las webs es acertada. Indagando puedes encontrar datos que no se ajustan al caso en concreto de la persona que conoces, que padece la enfermedad, y muchas veces son datos demasiados pesimistas y alarmistas. Con esto no quiero decir que el TLP sea algo fácil y que no haya muchísimos casos complicados, pero quiero pensar que con amor y paciencia muchos de ellos pueden tener largos periodos de una vida "normal", o incluso por definirlo mejor como en mi caso, que mi mujer viva una vida plena, a excepción de los periodos de crisis que al final siempre acaban remitiendo. La mayor parte del tiempo no parece tener ningún trastorno que la condicione, y cuando no está dominada por sus intensas emociones posee bastante control sobre su vida.

Cierto es también, que en mi caso concreto, mi esposa ya era muy consciente de la enfermedad y la aceptaba desde hace tiempo. Cuando la conocí ella tenía treinta y dos años y quería salir de esa situación con todas sus fuerzas, intentando comprender y paliar sus síntomas, para llevar una vida lo más normal posible. Sabía interpretar cuándo le podía llegar una de estas situaciones críticas porque estaba más sensible y era consciente de que a veces, sus comportamientos podían dañar y afectar a los demás. Desde que le diagnosticaron, unos siete años antes de conocerla, luchaba cada día por mejorar su vida. Nunca dejó de acudir a las diferentes terapias propuestas ni de tomar su medicación.

Alguna vez, precisamente por esa necesidad de querer llevar una vida "más normal" sin estar medicada durante toda su existencia, **ha dejado de tomarse las pastillas** por su cuenta y riesgo <<para probar como le iba>>, me decía. Esto **como consecuencia, le ha desestabilizado y le ha llevado a varias crisis con descontroles emocionales muy grandes**, los cuales se podrían haber evitado. **Es imprescindible mantener la medicación** (si así lo prescribe el psiquiatra, ya que en muchos casos no es imprescindible ese apoyo y sí enfocarse en la ayuda psicológica), y así se lo he expresado yo, apoyándola en todo momento. No tiene importancia el hecho de saber que te tienes que medicar: el que padece del corazón sabe que se tiene que tomar su pastilla, y con esto sucede lo mismo, y mi apoyo en cualquier caso siempre será total y con naturalidad a la hora de hablar del tema con ella.

También es cierto que la intervención psicológica (terapia individual, de pareja, familiar, talleres de psicoeducación, etc.) es el tratamiento principal para el trastorno de la personalidad límite, y que el farmacológico sólo se recomienda como tratamiento complementario. Esto hace que haya casos que requieran de un tratamiento farmacológico casi crónico, necesitando una buena adherencia al tratamiento y que esté bien ajustado, pero también hay personas con TLP que no requieren de él. De ahí la importancia de un buen diagnóstico, ya que los psiquiatras ahora apuestan por no medicar en exceso a las personas con un diagnóstico de TLP.

No ha sido fácil haber llegado hasta aquí, y reconozco que sigue sin serlo aún a día de hoy, con todos los avances que hemos logrado, pero es gratificante ver que estamos luchando juntos, y disfrutar como pareja de la mayor parte del tiempo, que es cuando no nos "visita" el TLP.

Si estás leyendo este escrito, es porque una persona que quieres padece un trastorno de personalidad. Es cierto que cuando ya no queda nada de relación por salvar, o cuando ya no quedan planes de futuro en común, una de las opciones es romper la relación de pareja, pero la mayoría de las veces queremos volver a tomar las riendas y tener una vida placentera con esa persona que elegimos. Si nos quitamos de la cabeza todas las especulaciones sobre la media naranja que nos habían prometido en el cine, y aceptamos la realidad en la que vivimos ahora, sin duda podremos mejorarla. El amor por sí solo no es suficiente, pero con respeto y ciertas pautas sí que podemos conseguir que esa persona con la que compartimos la vida se convierta en nuestra media naranja. Si en vez de pareja, eres un familiar o amigo de una persona con TLP, también hay ciertas pautas que harán más fácil vuestra relación y podáis comunicaros de una forma mucho más sana.

ACEPTACIÓN

Después de hablar con otros familiares a los cuales he ido conociendo en diferentes charlas y que tenían una situación parecida a la mía, entendí que como ellos yo también tenía pensamientos y conductas derivadas de los comportamientos de las personas con TLP. Conductas que no me iban a llevar a ningún sitio, porque buscaba algo racional que me diera la respuesta, pensando como yo pienso, pero no como mi mujer siente las emociones, por ejemplo.

Cuando empiezas cualquier relación de pareja, es normal intentar complacer a la persona amada. El problema suele llegar al relacionarle con alguien con TLP, porque aunque por más que hagas, siempre se te queda la sensación de que no nunca es suficiente, de que nunca cumples las expectativas, y eres criticado y culpado por todas las cosas malas de la relación. A veces ocultaba lo que realmente pensaba en una situación determinada, por miedo a la reacción de Sonia, y así evitar peleas, evitando ser yo el detonante de otra dolorosa crisis.

Pensaba que debía estar haciéndolo todo mal, porque estábamos en un momento precioso, dándonos todo el amor y cariño del mundo, donde ella me decía que yo era estupendo y que era lo mejor que le había pasado, y a los dos días todo cambiaba y entonces yo era mala persona, culpándome de todos sus problemas. Eran tan repetitivas estas acusaciones que faltó poco para que yo mismo acabara creyéndomelo. Yo sabía que no había hecho nada para recibir estas acusaciones y, por suerte, siempre he tenido una autoestima muy alta, si no probablemente me hubiera arrastrado a todos esos pensamientos negativos sobre mí mismo. Por un breve corto de tiempo, casi olvido el resto de facetas de mi vida, implicándome por completo en el papel de cuidador, para atenderla y organizarle el día de forma más eficiente según me pedía ella, creyendo que así encontraría la felicidad. A veces, por el amor tan grande que le tenía a Sonia, aceptaba ciertas conductas que consideraba inaceptables, dejándolas pasar, y sin darme cuenta es una forma de aprobarlas y que se repitan muchas más veces... estaba participando en la continuidad de esas mismas conductas.

Trataba de entender las razones que podía tener Sonia para actuar como lo hacía, sin encontrar ninguna respuesta. He intentado imaginarme, desde mi forma de sentir mis emociones, con qué intensidad podía percibirlas ella para actuar de esa manera. Personalmente lo que más me costó a mí, es ser consciente de su enfermedad. Yo la veía tan bien en su día a día, siendo como es una persona increíble, y de repente todo cambia y no entiendes el por qué. Cuando te conviertes en "el malo", el causante de todos sus problemas, y te dicen que toda va fatal y que no es feliz a tu lado, me costaba entender cómo Sonia era incapaz de recordar y valorar las cosas buenas que teníamos o acabábamos de vivir. A día de hoy, todavía me pasa prácticamente con casi todas las cosas cotidianas también, que vivimos las cosas de manera muy diferente, recordando situaciones como si fueran dos realidades opuestas. No valen los argumentos porque la enfermedad le impide verlos. Cuando con el tiempo ya eres consciente de que en esos momentos no es intencionado su comportamiento, es más fácil entenderlo. Después de cada subida de la crisis, con estallidos de ira o gritos, vienen los días de bajada, en donde es mucho más sencillo darse cuenta de que realmente está enferma, cuando la ves sin energía, sin ganas de nada, ausente. En esa fase sí resulta sencillo ayudar. A veces aún me cuesta, pero tengo que intentar recordarlo también en el instante de la llegada de estas situaciones críticas, y así nos será más llevadero a los dos, y podré ayudar de forma más eficiente.

A mí me ha tocado vivir esto, y puedo estar lamentándome todo el día, o jugar la partida de la vida lo mejor posible con las cartas que tengo. A veces me llama llorando y tengo que volver del trabajo y encontrármela en la cama sufriendo con una crisis de ansiedad, diciéndome que le duele mucho. También es muy duro para mí, ya que a veces no sé cuál es la mejor manera de actuar. Los familiares de las personas afectadas por este trastorno nos sentimos confundidos e impotentes, sin entender qué ocurre.

Cuando por fin acepté la enfermedad, también aprendí a aceptar la responsabilidad de mis propias elecciones, pero entendiendo que mi mujer también es responsable de sus propias decisiones.

****

Para mí fue determinante también, darme cuenta de que aunque yo pudiera ser el detonante para que mi mujer saltara y estallara ante cualquier comentario mío (es normal al ser la persona que más tiempo pasa con ella), no era el causante de la conducta que estaba teniendo. De esta forma me alivió el saber que yo no era el culpable. Es posible que ella hubiera tenido una consecución de situaciones que le fueran causando malestar (levantarse con prisas por algún motivo, que le cambien una cita en el trabajo, un atasco, etc.), y luego la pagara conmigo en casa. Al principio es normal que me lo tomara de forma personal, pensando que yo siempre era el torrente de agua que arrasa todo a su paso causándole daño, hasta que me di cuenta que lo que yo era realmente es el muro de contención. Ahora, si me dice alguna vez en un momento de crisis, que soy el peor marido del mundo, puedo creérmelo y tomármelo de forma personal y permitir que me cause daño, o puedo pensar que mañana cuando se le pase me dirá que soy el mejor marido del mundo. Cuando empecé a aceptar los comportamientos irracionales, pude aliviar un poco el desasosiego interno que tenía y quitarme la presión y la responsabilidad que caía sobre mis espaldas, centrando mi energía en actuar de la forma más adecuada. Si realmente viniera una riada de agua y arrastrara todo a su paso, no me sentiría responsable y sería fácil interiorizar que no soy el causante. Pues algo similar me ocurre con mi mujer cuando según ella me convierto en el foco de todos los problemas. **Yo no soy la riada, solo el muro de contención**. Con Sonia he podido comprobar que a veces ella también puede cambiar de forma de pensar y encontrar la solución cuando le devuelvo el argumento, preguntándole que cómo cree ella que podemos resolver un conflicto en concreto.

En definitiva, como familiares nos será de gran ayuda empezar a aceptar la enfermedad y responsabilidad de lo que implica, y depende de nuestra actitud que nos sea más fácil lograr esta aceptación. Todos poseemos la capacidad de asumir que hay ciertas cosas que no pueden cambiar, pero sí podemos poco a poco y con algo de esfuerzo, seguir ciertos pasos para que se vayan produciendo pequeños cambios.

Somos responsables de nuestras acciones y de las consecuencias que puedan tener en los demás, y lo más saludable para poder ayudar es que salgamos del pensamiento en el que a veces nos colocamos en el papel de víctima, echando la culpa de nuestra relación exclusivamente a la situación de la otra persona, y que tampoco nos coloquemos en el lado contrario, con el pensamiento de que todo es nuestra culpa.

LAS CRISIS DE MI PAREJA

Cualquier motivo, puede ser desencadenante para que comience una crisis si ella en ese momento está en unos días más sensibles o algo más inestable emocionalmente. Además de que el desacuerdo suele normal en algún periodo en cualquier convivencia entre personas bajo el mismo techo, se agrava en estos casos cuando hay una palabra equivocada, un tono mal interpretado, hablar demasiado rápido, un plan mal explicado…

Mi esposa suele sufrir un fuerte descontrol emocional aproximadamente cada cierto tiempo, y es frecuente que dure de cuatro a cinco días. También es cierto que una de las características del TLP es la imprevisibilidad, así que la mayoría de las veces no se puede prevenir, pero en ella si influían también los cambios de estación o de rutinas. Los dos primeros días de subida de la tormenta afectiva los pasa con cambios de humor, comportamientos imprevisibles, enfados, ira y gritos. Más tarde suele dar paso a un dolor de cabeza tremendo, como si una olla a presión le fuera a reventar dentro, con mil imágenes que le pasan cada segundo en su mente, sin poder centrarse en ninguna de ellas. Y después otros tres días ausente, agotada por tanta actividad cerebral, sin ganas de nada, en estado depresivo. Como mencioné en el capítulo anterior, al igual que otras enfermedades no conforman nuestra persona, el TLP tampoco. No es una forma de ser sino un estado puntual. Esto no quiere decir que el resto del tiempo la enfermedad desaparezca por completo, simplemente está oculta, apreciable solamente por **pequeños matices que pueden dejarnos ver en qué punto se encuentra la persona**. Hay rasgos característicos que tiene en el día a día y hay que tener en cuenta, y no solamente ser consciente de la enfermedad cuando hay una crisis, donde entonces se hace muy presente el TLP y es fácil identificarlo.

Ella es especialmente sensitiva, no sé si incluso llega a ser PAS (persona altamente sensible), pero desde luego tiene rasgos de percibir las cosas con mucha sensibilidad. Recibe toda la información que le llega de una manera profunda y muy intensa, dándole muchas vueltas a la cabeza al mismo tema. Se satura y se siente sobrepasada cuando le llega demasiada información de golpe, viviendo con mucha emocionalidad cada percepción recibida. Por eso **es sumamente importante elegir muy bien las palabras que utilizamos. Las palabras son tremendamente poderosas**. Cuando estamos delante de los más pequeños cuidamos lo que decimos, para que no sea violento ni irrespetuoso, pero entre los mayores nos olvidamos. Algo que a mi quizás no me afectaría, a ella que es más susceptible sí que puede herirle profundamente.

Un comentario desafortunado, un malentendido o una palabra fuera de lugar pueden arruinarle el día.

En el blog de *la mente es maravillosa*, nos explican que *"Incluso la ausencia de palabras puede ocasionar algún tipo de problema. En las relaciones de pareja, sobre todo, la comunicación es sumamente importante. Sin embargo, siempre hay algún secreto o algo que no se le cuenta a la pareja «por su bien» y que termina derivando en una serie de conflictos muy difíciles de abordar y superar"*.

Es más fácil de lo que parece elegir unas palabras en vez de otras, solo hay que parar un momento y pensar antes de hablar. Tampoco es cuestión de permanecer absolutamente callado, ya que puede pensar que no le hago caso o que estoy enfadado o cualquier otra cosa. Yo tengo un esquema mental en la cabeza, que me obliga a hacer una pausa, pensar en ello; escuchar en silencio manteniendo el contacto visual de forma amistosa, y luego hablar en un mismo tono tranquilo en mi turno, haciendo una pausa primero y no estar esperando que acabe para soltar mis argumentos corriendo y a la defensiva. Primero es entender lo que me está contando, atendiendo a cómo se siente y asintiendo con la cabeza cuando sea conveniente, sin interrumpirla. **Se trata de**

escuchar con conciencia, olvidando lo que queremos decir nosotros, dándonos la oportunidad de aprender con lo que se nos está trasmitiendo. Hacerle ver que realmente la estás atendiendo, sin cruzar los brazos evitando el parecer enfadado, diciéndole que comprendes lo que te está contando (sin decirle que entiendes cómo se siente, porque seguramente ni te acercas a sentir lo que ella siente en su interior). Que sepa que entiendes lo que te está diciendo, ya que a veces solo quiere que la escuches y que la acompañes, sin pretender que le des ninguna "solución milagrosa que le salve" de sus dolencias. No le des constantes consejos y soluciones, a veces tú crees que son las más adecuadas cuando en realidad solo quieren que le escuches. Lo que sí puedes hacer es interesarte por lo que ella necesita, preguntándole qué puedes hacer para que se sienta mejor. Reconocer que comprendes qué se siente así en ese instante, es un gran paso para atenuar el nivel de enfado o tristeza de la persona con TLP. No quiere decir que estés de acuerdo, pero estás dándole a entender que para ti es importante y que no le das de lado en ese momento tan difícil.

Cuando vienen las crisis, **si sabemos identificar e intuir cómo se siente la persona que está sufriendo, podremos actuar de una forma que tenga sentido, sin sentirnos atacados, utilizando desde la calma las palabras correctas, las más apropiadas**. Si te está gritando en una circunstancia de enfado —siendo esta su forma de expresarse con las herramientas y recursos que tiene a su disposición en este instante—, y nosotros devolvemos el grito, ya será complicado arreglarlo. Si sabemos que le pasa periódicamente, podremos entender que no somos el motivo, y podremos reaccionar de forma racional, sin cabrearnos ni tomárnoslo de modo personal ya que nosotros no somos la causa. Hay que tener en cuenta que sus sentidos se vuelven inestables e incontrolados, sintiéndose no valorada y que todo le molesta o irrita.

A nosotros **nos ayudó la psicóloga en terapia de pareja, a poner límites, a acotar sobre los comportamientos que son aceptables y los que no**. Yo tenía la falsa creencia de que siempre debía ofrecerle mi apoyo hiciera lo que hiciera, y es justo lo contrario, porque aceptando ciertas conductas estás fomentando que continúe haciéndolas. No porque quiera a mi mujer tengo que aguantar cualquier comportamiento suyo, y ahora Sonia ya sabe que hay ciertas cosas que me alejan de ella, como empujones o amenazas constantes de divorcio; de esta forma entendimos que fijar límites nos ayuda a los dos, ya que hay una diferencia entre apoyar a una persona, o apoyar su comportamiento en un instante determinado. Si la carga emocional es muy alta en medio de una discusión y está faltándome el respeto, intento decirle a Sonia que la estoy escuchando, pero que necesito que pare de actuar así para poder seguir con la conversación, sino será mejor dejarlo para dentro de un rato en que los dos estemos más calmados, así seré capaz de comprender mejor lo que me está diciendo y podremos intentar encontrar una solución. Todos estos minutos que los dos vivimos con tanta intensidad, si le damos un poco de tiempo, no tardarán en convertirse en algo del pasado y podremos afrontarlo desde otra perspectiva.

A parte de que **los límites consistentes que marcamos actúan como modelo de conducta para la persona con TLP, le ayudarán a base de tiempo y repetición a que ella establezca límites para sí misma**. Ya sabe que debe cuidar las palabras, porque hay algunas que pueden hacerme daño, y le ha servido responderse a las preguntas que yo le devolvía, como por ejemplo: si piensa realmente que soy yo quien hace que esté peor que antes de conocerme, o si verdaderamente quiere continuar con la relación o separarme de su lado. Hay que ser muy específico a la hora de establecer estos términos y no generalizar, por ejemplo: no decir *"quiero que me respetes, aunque estés cabreada"*, y utilizar algo como *"no me gusta que me grites y que me insultes aunque estés cabreada"*.

Hay formas para que no piense con mis palabras que ya no quiero estar con ella o que la voy a dejar por decirle esto, sino que sepa que voy a querer estar siempre con ella, pero cuando no me esté gritando e insultando. La psicóloga me explicó más tarde, que debo entender que puedo poner límites respecto a sus comportamientos, como pedirle que no me insulte, pero lo que no puedo es invalidar nunca sus emociones; no puedo pedirle que no esté triste ni debo decirle cómo debe sentirse, no debo decirle que no esté cabreada porque en esos instantes ella no tiene la capacidad de cambiar las sensaciones que tiene porque yo se lo diga y lo único que conseguiré es añadir más carga y frustración.

****

A veces Sonia tiene recaídas más fuertes, y está harta de su situación, lamentándose por haberle tocado a ella vivir esto, y dejando de comprender lo que le pasa, preguntándose el por qué. A veces no tiene motivos ni detonantes racionales, casi "todo" en la vida le va bien, tiene familia, tenemos una hija estupenda que nos llena de felicidad, tiene una pareja que la quiere, tiene trabajo... pero es que en ese instante sólo es una cuestión química del cerebro, falta de hormonas, de serotonina (aunque es verdad que se presentan disfunciones neuroquímicas, no se puede obviar que las alteraciones conductuales, también puede ser fruto de la experiencia personal, la educación recibida, posibles traumas en el pasado, etc., que de todo ello se ocupan los psicólogos).

Sonia, en concreto, tiene muchas ganas de vivir y cuando no tiene ningún momento de conflicto interno es completamente autónoma, no solo en el trabajo, sino también en cualquier faceta de su vida. Y aunque en estas fuertes fases se muestra desesperada y sin ganas de vivir, es importante prestar atención a los actos o amenazas autodestructivas. En realidad, es bueno saberlo en vez de que nos lo oculten, para que los profesionales tengan esa información. También es fundamental saber que muchas de las veces las crisis pueden ser más llevaderas, y que con paciencia y amor, de todo se sale.

LA PEOR CRISIS

En las crisis más fuertes, cuando más presente está el TLP, la veo sufrir y a la vez sufro mucho con ella. La vez que más duró fue cuando me dijo que quería que la ingresaran, que su sufrimiento era tan fuerte que no quería vivir, y solo dos días antes estábamos súper felices viendo crecer a nuestra pequeña. Casi nunca la había visto así, y por mucho que la familia entera en general intentara argumentar lo que la queremos, y en particular lo que la necesitamos nuestra hija y yo, Sonia no era capaz de hacer una valoración general positiva. Ya tenemos nuestras estrategias y a veces lo identificamos pronto y sabemos que en cuatro o cinco días pasará, y eso le suele consolar cuando se lo decimos, pero en esta ocasión me dijo que no le merecía la pena vivir así. Se sentía especialmente culpable por creer que <<nos daba tan mala vida y que tuviéramos que acompañarla en este periodo>> en los que estaba ausente y no era capaz de hacer nada, y que no valía la pena estar un tiempo feliz si luego tenía que pasar por varios días con ese terrible sufrimiento.

Nos ayudó muchísimo asistir de urgencia a nuestra psicóloga habitual. Aparte de la terapia a la que mi esposa acude a través de la Seguridad Social una vez cada tres meses (totalmente insuficiente, pero de momento es lo que hay), tenemos una psicóloga privada una vez al mes para hacer terapia de pareja. Nos decía, orientándonos y aliviándonos con sus palabras, que en este tipo de crisis tan fuertes e inusuales que duró más de una semana, Sonia no tenía por qué estar soportando y sufriendo ni haciéndose la fuerte, y nos recomendó ir a urgencias de inmediato y que alguna medicación adicional le aliviara de ese dolor. No podíamos mitigar su sufrimiento, y gracias a ir al área de psiquiatría del hospital consiguieron estabilizar los síntomas. Para explicarme lo intenso que era lo que estaba padeciendo, mi mujer me contó que hace muchos años, sintió un dolor insoportable, con la misma intensidad que ahora, un dolor interno incapaz ni si quiera de imaginármelo. En aquella época había menos información y no sabía lo que le pasaba, ni estaba diagnosticada de TLP. Me explicaba que tuvo que cortarse un poco la piel, no para llamar la atención ni para manipular como mucha gente piensa que hacen, sino en la mayoría de los casos para intentar que el dolor físico hiciera que se le olvidara el gran sufrimiento interno que estaba padeciendo.

Al salir del hospital ya más relajada volvimos a casa. El sufrimiento añadido de mi mujer venía porque sabía que con tanta medicación se iba a quedar más ausente durante un par de días y se sentía incapaz de cuidar a nuestra hija. Pero en esos instantes más que nunca, es cuando había que dejarle claro que la niña iba a estar bien atendida con la ayuda del resto de la familia, y que lo importante es que ella ahora se recuperara y volviera a estar bien.

En estas crisis más duras, que son las que más sufrimiento causan a todos, Sonia puede llegar a ser muy cruel con sus palabras cuando la ira le domina. Por supuesto no hay por que aguantar gritos, amenazas o golpes, y quizás es mejor marcharse y regresar un poco más tarde para discutir el problema cuando todos estemos más calmados y la carga emocional haya remitido. Hay una frase que todos hemos escuchado pero que es difícil aplicar cuando uno está dolido o se siente atacado, pero que es la realidad: **quiéreme cuando menos me lo merezca, que será cuando más lo necesite.** Incluso en estas fases de ira de la persona que quieres, en los que parece que quiere alejarte y que te producen rechazo, es cuando más necesitan de ese amor y compresión. Mi mujer me recuerda, y siempre me suplica en estos momentos que sea compasivo, porque, aunque cueste verlo a veces, está sufriendo muchísimo. Igual que en cualquiera de las ocasiones anteriores, no hay mayor ayuda que la de acompañar, ser paciente y darle mucho amor, como hicimos en esta última ocasión de la que también salimos como siempre.

MI PEQUEÑA

A mi mujer le sentó fatal cuando le dije que estaba escribiendo sobre la enfermedad. Se sentía como traicionada, y como si fuera objeto de estudio. Me dijo que no quería que escribiera sobre ella, por eso lógicamente cambié su nombre real y estoy escribiendo bajo un pseudónimo. Ella aún no lo ha leído y no sé si querrá hacerlo alguna vez, porque leer información acerca de su enfermedad o ver definidas las características que implica le causa malestar. Lo empezó a aceptar un poco cuando le expliqué que no escribía sobre ella sino sobre mí, y que el escribirlo me ayudaba a reorganizar mis propias ideas y reforzar todo lo que había aprendido, y que sería genial si pudiera ayudar también a alguien más que estuviera pasando por una situación parecida a la mía. De hecho, Sonia fue la que me recomendó incluir este capítulo, cuando ya estaba terminando el libro. Me dijo que debería escribir sobre un concepto en concreto con el cual se identifica cuando tiene una crisis: sentirse pequeña.

Así es como se siente. **En estos periodos críticos es como si fuera una niña, incapaz de resolver sus conflictos internos** y siente que necesita ayuda, pero en vez de llorar como una niña, en momentos de desequilibrio emocional, grita e insulta. A veces, me dice que es como si esa niña pequeña tuviera que ir de mi mano, y cuando me marcho, siente como si se quedara sola, perdida en el centro de una plaza llena de personas que no conoce y sin saber cómo actuar. Incluso si tiene una crisis en ese instante, funciona el darle la mano con firmeza para que se sienta acompañada. Es importante no soltar esa mano, aunque sea simbólicamente, y que sepa que si tengo que marcharme es por un motivo, pero que sigo apoyándola y que volveré. A veces le digo, que entiendo que sea doloroso que piense que me voy porque no quiero estar con ella, pero le explico que no es así, que me marcho porque he quedado con amigos que también me apetece ver o porque tengo que trabajar, pero que regresaré en un par de horas.

A veces **es también un arma de doble filo el fomentar esa conducta infantil, porque, aunque sus emociones sean infantiles las consecuencias reales son de adultos**. Es cierto que mimarla, cuidarla y protegerla como si fuera pequeña es muy reconfortante para todos, porque tú le estás dando amor y ella se siente querida y mejora. Pero en mi caso, por ejemplo, cuando va a refugiarse a casa de mi suegra, el regreso a la realidad puede ser aun peor. Ella siempre dice y siente que como su madre nadie la cuida. Es posible, quizás nadie vaya a cuidarla como una madre y eso le duele porque se da cuenta que nadie va a asistirla exactamente como ella quiere cuando falte. Nadie va a tratarla todo el rato como si fuera una niña, porque la realidad es que es una adulta y hay muchos momentos en la vida diferentes, y no podemos actuar siempre igual y también tiene responsabilidades. También es cierto que mi suegra la cuida con mucho amor, pero inconscientemente solo de forma parcial, solo para que mejore y evitarle dolor en esa fase, aceptando cualquier comportamiento y dándole la razón en todo para evitar enfrentamientos. Pero cuando luego vuelve a casa porque se encuentra mejor, regresa a la realidad de la convivencia y crianza de un bebé, a la vida adulta, sintiendo que sale de esa burbuja, y entonces le cuesta el triple asimilar la realidad. A veces su madre incluso me pide que yo actúe como ella, que me comporte igual respecto a mi mujer. Ella tiene derecho a opinar diferente a mí y proceder como lo considere oportuno, como sepa y como pueda, de la manera que crea que es mejor, aunque yo pueda pensar que la forma es equivocada. Pero yo le explico que yo soy diferente a ella, y que debo actuar de otra forma para respetarme a mí mismo, sin permitir comportamientos que me hagan daño.

Es importante que Sonia **no me culpabilice de todo lo que le ocurre, porque si lo hace, también me responsabiliza a mí solo para arreglarlo, y en realidad cada uno debe hacerse cargo de sus propias acciones**. Realmente, al principio, mi pensamiento inconsciente era el de que era el único responsable de solucionar los problemas de mi mujer, porque si yo no lo hacía nadie lo haría. Pero está en cada uno de nosotros tomar la iniciativa para poner remedio a nuestros conflictos, porque **cuando cedes la culpa también cedes la responsabilidad, entregando de esta manera el poder que tenemos para cambiar las cosas.** Al igual que es el deber de Sonia responder ante sus acciones, también tengo muy presente que yo tengo más control del que quizás pensaba al comienzo, ya que poseo la decisión sobre mis propias acciones, controlando la forma de comportarme ante las diferentes situaciones que me plantea la vida y la relación.

Cuando mi esposa se comporta como si fuera una niña pequeña, he cometido muchas veces el error de invalidar lo que estaba sintiendo. No entendía por qué actuaba así, siendo adulta, reaccionando desmedidamente. Ella se siente así realmente en ese momento, y yo no debo decirle que no tiene que sentirse así, o que no debería comportarte así, porque puedo provocar sin darme cuenta que se ponga peor.

Por todo esto debemos entender lo importante que es escuchar al otro. Todos necesitamos que se tengan en cuenta nuestros sentimientos, aunque el que esté escuchando no tiene por qué estar de acuerdo con lo que se está diciendo. Es bueno que la persona con TLP utilice las palabras para expresar ira, miedo o soledad. Es preferible manifestar los sentimientos a través de las palabras a que pasen a la acción. Repetir durante la conversación los puntos principales que te haya manifestado es una manera de demostrar que la estás escuchando, y a la vez de reafirmarte de que tú mismo lo has entendido para utilizar tan valiosa información a la hora de comportarte en un futuro.

CONDUCTAS NEGATIVAS

Debido al constante pensamiento y sensación de vacío que tiene Sonia, casi siempre piensa que haga lo que haga ella misma no está lo suficientemente bien. A veces inconscientemente, cuando piensa que es defectuosa, proyecta sus defectos u otras características negativas en mí, utilizando este comportamiento para eludir la responsabilidad. **Igual de exigente que es con ella misma, lo es con las personas que le rodean, incluso cuando su propia conducta ha tenido como consecuencia una situación en concreto, sin asumir su culpa y responsabilidad.** Recuerdo un día que se quejaba de que tenía muy mala suerte y que todo le salía mal, porque coincidió con que recibió tres multas seguidas. Las sanciones las podría haber evitado ella misma, ya que fue por no haber pagado en plazo un impuesto, por saltarse un semáforo y por aparcar mal el coche. Cuando se lo comenté, encima terminó pagándola conmigo porque decía que la estaba machacando, ya que lo que esperaba era una atención compasiva por mi parte y quitarse la responsabilidad de sus actos.

Otras veces desarrolla, inconscientemente conductas controladoras, técnicas para manejar situaciones cuando ella misma no controla sus emociones, y entonces pretende controlar las conductas de los demás sin darse cuenta. En muchos casos he leído que esas conductas controladoras son muy destructivas, y lo que a priori hacen para estar más cerca de la persona querida o para llamar la atención de sus allegados, en ocasiones tiene como consecuencia que se alejen, consiguiendo el efecto contrario, sobre todo de sus parejas. Yo le digo que no quiero alejarme de su lado, y que también intente no alejarme ella y controlarse en la medida de lo posible con pequeñas acciones del día a día. Todos podemos ir implantando nuevas actitudes que nos hagan mejorar, tanto ella como yo, y al igual que Sonia yo intentaré ser más paciente y comprensivo, intentando que ese alejamiento emocional y físico dure lo menos posible cada vez.

Al comienzo de nuestra relación, ya viviendo juntos, cuando ella tenía una crisis y no podía dormir, me pedía que no me durmiera y que no la dejara sola en esos momentos. Si nos sentimos mal, normalmente las personas podemos hacer cosas para sentirnos mejor, pero a ella le cuesta mucho gestionar esto y puede cambiar el estado de ánimo y ponerse irritable o ansiosa. A veces nos tirábamos toda la noche hablando, casi repitiéndome las mismas cosas y yo intentado no caer vencido por el sueño. En ocasiones, cuando uno de estos episodios le sorprendía sin avisar, me despertaba a media noche. Cuando tuvimos a la niña, y a base de muchas conversaciones, entendió que yo necesitaba descansar, ya que era el que me ocupaba del bebé por las noches, y que al día siguiente debía ir descansado para ir a trabajar. A veces le ayudaba que le dijera que entendía que tenía miedo y que yo estaba allí con ella. Aprendió a autocontrolarse, y por ejemplo se ponía la tele hasta que le vencía el sueño. Eso fue un gran avance para la convivencia y para ella misma.

****

Otro comportamiento del día a día de Sonia que me cuesta gestionar es el de la impulsividad que tiene a la hora de querer obtener algo de mí, y que es una forma de llenar ese vacío y reducir la ansiedad. La mayor parte de las personas somos conscientes de las consecuencias posteriores de alguna acción, y podemos realizar una valoración para ver si merece la pena hacerlas o no. A mi mujer le cuesta resistirse a darse atracones de comida o algún mes ir de compras y gastar más de lo debido. Yo intento sugerirle algún alimento más sano u otro plan que también le guste, y a ella a veces le parece bien y lo acepta simplemente porque no había caído en esa opción que le he dado.

A continuación, comparto esta información que a mí personalmente me gustó leer, y que resume muy bien algunas de estas conductas:

EXTRACTO DE LA WEB:

https://www.trastornolimite.com/tlp/los-sintomas-ocultos-en-el-trastorno-limite-de-la-personalidad

"La continua pérdida de energía que el paciente TLP malgasta en las discusiones con otras personas, casi siempre se centran en detalles sin interés, prima lo anecdótico y se desprecia lo trascendente, se orilla lo importante de la discusión, lo nuclear, para centrarse en lo circunstancial. Esto hace que el paciente y sus interlocutores inicien una escalada de tensión en su conversación, que la comunicación se distorsione hasta tal punto que al final se encuentran discutiendo por una nimiedad colateral y alejada de lo que fue el inicio de la discusión generando un aumento de la problemática y siendo incapaces de resolver nada.

El paciente TLP, por su victimismo, hace que los demás estén pendientes de él, los utiliza, pero al no ser una manipulación consciente y planificada puede volverse contra él, lo cual hace que su ira aparezca al no encontrar la atención y los cuidados que pretende obtener que en definitiva son el fin último de esa conducta manipuladora inconsciente. El resultado positivo o negativo de esta "manipulación" hacia el otro, influye en que el paciente vea a los demás como muy buenos o muy malos y esta vivencia es lo que conforma la alternancia extrema entre la idealización y devaluación del otro.

La mayor parte de las personas con TLP tiene una "seducción" y "encanto", es una capacidad inconsciente que les sirve para "enganchar" a determinadas personas, es bien sabido cómo estas personas tienen una innegable atracción para muchas personas. (...) Justifican sus conductas más disparatadas argumentándolas como si fueran tan normales, siendo la falta de comprensión de los que les rodean lo que hace que esas conductas sean "diferentes". Este síntoma está cargado de victimismo y justificación, de falta de empatía ya que, curiosamente, estos pacientes difícilmente entienden o comprenden las reacciones reprobatorias de los demás hacia ellos, exigen que los demás entiendan su conducta, pero no pueden entender que les censuren a sabiendas de lo negativo de su acción".

AYUDA EXTERNA

Como explicaba unos párrafos más arriba, la ayuda externa es fundamental en todas las direcciones. Tanto la ayuda para la persona con TLP, como la ayuda para la pareja, como la ayuda individual para el familiar. **Es fundamental no pretender convertirnos en el terapeuta de esta persona, para eso están los profesionales, no es nuestro papel.** A nosotros personalmente nos ha ayudado muchísimo asistir a terapia de pareja, y por supuesto la terapia individual también para mí, porque me orientaban, reforzándome sobre lo que estaba haciendo ya bien y sobre lo que podía mejorar.

Toda información y ayuda externa que tengamos es bienvenida. He acudido a terapias grupales para familiares, he leído diferentes libros (que no se ajustaban a mi caso en concreto o eran demasiados generales), con algunos síntomas que no se parecían a los de mi mujer y en algunas ocasiones mostraban la enfermedad desde un punto de vista demasiado pesimista. Quizá se referían a los casos más graves, muy avanzados en los que es necesario incluso el ingreso, pero desde lo que yo he vivido y sin negar que es duro, puede convertirse con el tiempo en algo llevadero, y que lo bueno de las personas siga compensando lo malo que trae consigo la enfermedad. Nadie elige voluntariamente estar relacionado con este trastorno. Pero si eres familiar, padre, hijo, o pareja de alguien diagnosticado con TLP, puede ser de alivio saber que en muchos de los casos se puede convivir con relativa normalidad. Mi mujer no eligió esta enfermedad, y yo no elegí estar con mi mujer porque estuviera enferma, sino porque me gusta como persona y es importante para mí. Incluso algo tan negativo como es tener que estar presente en instantes tan duros, puede ayudarte personalmente. Ayudarte a saber que puedes tener más capacidad todavía de ser paciente, a conocerte más a ti mismo y mejorar como persona, a reflexionar sobre lo que te rodea, y sobre todo a valorar los momentos buenos, dándole más valor a las cosas que realmente son importantes. En esos días eres más consciente de la importancia de la salud, y aprendí muchas cosas sobre mí, entendiendo otro significado distinto de la palabra amor. El significado de cuidar y de entregarte a la persona querida. Es muy fácil querer cuando todo va bien, pero cuando ves sufrir a la persona que amas, primero fuera de sí atacándote, gritándote e insultándote, y luego en la bajada, hundida y sufriendo, es una recompensa salir juntos de ese túnel, y comprobar que vuelve a ser ella, la misma maravillosa mujer con la que te casaste.

Hay que mantenerse fuerte, no vale caer también, rendirse no es una opción; sé que es muy fácil decirlo, pero es la realidad, uno de los dos tiene que estar bien en la pareja, no podemos caer ambos, deprimirnos los dos. Primero por mi hija, para atenderla como se merece, pero antes de que ella naciera, también por mi mujer, uno de los dos tiene que estar bien para cuidar al otro cuando lo necesite. Y todavía puedo dar gracias a la vida de que sea yo la persona que puede ayudar, y no la que necesita ayuda. No se puede entrar en modo víctima, en estar rumiando todo el día, dándole vueltas a la cabeza, pensando en por qué me ha tocado a mí.

En mi caso concreto, es la madre de mi hija, y aunque a veces esté saturado y agotado y necesite un descanso, no se me pasa por la cabeza la idea firme de abandonar; quiero criar a mi pequeña en familia, Sonia es una buena mamá y una buena esposa, solo que a veces tiene problemas, solo eso. Como dice el dicho, **"la mayoría de las veces no necesitas un nuevo camino, sino una nueva forma de caminar". No obtener el resultado esperado no significa tener que tirar la toalla, el éxito dependerá de tu forma de caminar y tu capacidad para adaptarte al camino.** Me gusta verlo así.

¿QUÉ PUEDE HACER MI MUJER PARA MEJORAR?

El trastorno límite de la personalidad es una enfermedad ligada al estrés. El estrés mental está relacionado con las exigencias internas de rendimiento a los que cada uno está sometido, como tener responsabilidades o tener que atender urgencias en el trabajo y también con la forma de gestionar las relaciones interpersonales.

Con el tiempo mi mujer y yo hemos entendido lo importante que es que no tenga estresores externos añadidos. A parte de las situaciones propias del día a día, a nosotros nos gustaba tener un ritmo de vida rápido y hacer muchas cosas. Éramos intensos en todo lo que hacíamos. Nos encantan los animales y siempre teníamos gatos o perros de acogida en casa, aceptábamos viajes que nos ofrecían a última hora, cogíamos muchas citas seguidas en el trabajo o programábamos planes con amigos muy arrebatados y seguidos, todo con prisas.

Hay otros factores estresantes que también nos hemos trabajado y que dependen de la emocionalidad con la que Sonia vive las cosas. Por ejemplo, el propio comportamiento de mi mujer a veces le produce estrés, como cuando se le ocurren planes precipitados a última hora que requieren ir corriendo a algún sitio antes de que cierre. **Todos hemos escuchado muchas veces que la vida no es lo que te pasa, sino la actitud que tomas ante lo que te pasa.** Cada persona puede manejar la misma situación de una forma diferente, ocasionándole estrés o no, así que ahora nos tomamos las cosas con más calma, más despacio y disfrutando de cada momento con más tranquilidad. La relajación y el desacelere son las constantes recomendaciones que siempre tengo presentes.

También le produce un nerviosismo excesivo cuando tiene un comportamiento intolerante ante situaciones que no puede controlar, porque depende de la aceptación de otra persona para realizar ese plan. Las peleas y crisis de pareja también nos han desgastado y estresado, ya que los cambios de estado de ánimo o alejamiento en un periodo de discusiones le ocasionan estrés añadido. Esto le pasa también si discute con alguna hermana o miembro de la familia, o amistades cercanas. A veces solo basta con esperar el momento adecuado y buscar a la persona para resolver el conflicto, pedir o aceptar el perdón, siendo consciente del beneficio que nos reportará el no tener nada pendiente con nadie. Sonia valora —como nadie más que conozca en este mundo— la tranquilidad y la paz en las relaciones con otras personas. Aunque a veces sea ella misma la que provoque un conflicto, el querer resolverlo cuanto antes y que no se enquiste y agrande el problema, es de vital importancia. Si seguimos una y otra vez en la misma conversación intentando buscar el responsable que la ha producido, conseguiremos el efecto contrario. En su mente ya dará igual cual ha sido el origen, del que seguramente no eras responsable, pero si sigues discutiendo le darás un motivo para que se le olvide cual fue el desencadenante y tener presente sola la discusión en la que os habéis involucrado los dos. Si conseguimos identificar estos detonantes que a veces suelen ser repetitivos, puede ser más sencillo prevenir ciertas conductas si somos capaces de elegir otras palabras u otro momento. Tampoco es cuestión de intentar evitar todas las conductas y estar todo el día alerta, pero sí es cierto que ayuda si detectamos que algo puede derivar en una pelea, mantenernos fuertes y compactos y comportarnos de forma estable, que muchas veces es lo que las personas con TLP necesitan para manejar de forma estable sus propias emociones.

****

Hay varias cosas que resumo, y que he comprobado que funcionan y que sirven para mejorar el día a día:

-Es imprescindible para mantener la normalidad tener bien ajustada la medicación, siendo lo más importante no dejarla bajo ningún concepto y sobre todo, no dejar tampoco la terapia de ayuda con un profesional.

-El deporte le ayuda bastante, descargando y canalizando la energía. Da igual lo que sea, natación, pilates o salir a andar. Cuando regresa viene renovada y le sienta genial (como a todas las personas básicamente). En general, mantenernos ocupados con cualquier cosa que nos guste también es una buena terapia, y si a veces no se le ocurre qué puede hacer, entre mi mujer y yo buscamos nuevas ideas, retomar asuntos pendientes que quería hacer desde hace tiempo o temas que la motiven.

-Para mi esposa, el descanso es fundamental. Necesita dormir bien, ya que la medicación la deja desconectada, y si se altera su sueño puede costarle demasiado arrancar el nuevo día

-Parece obvio, pero evitar excitantes como café o coca cola pueden estropearle por completo la noche y no dejarla descansar.

-Evitar el estrés, es uno de los mayores enemigos del TLP. He aprendido junto a ella, a llevar un ritmo de vida más lento y tranquilo, más sencillo. Seguimos haciendo muchos viajes y salimos a comer, más incluso que otras personas, pero de una forma más relajada.

¿QUÉ PUEDO HACER YO POR MI MUJER?

Mi mujer necesita saber y reafirmarse cada día que la quiero, y que sepa lo mucho que significa para mí, para que no se sienta abandonada. Muchas veces damos por hecho que las personas que queremos deben saber lo que pensamos y sentimos, así que **es mejor expresar lo que sentimos en vez de darlo por sentado.** Necesita que le dé seguridad para que aunque muchas veces yo no sea capaz de saber cómo se siente, ella sepa que yo siempre voy a estar ahí. Doy por hecho que sabe que la quiero, ya que dormimos juntos cada noche, nos besamos, y nos abrazamos, pero si no se lo digo, ¿cómo lo va a saber? ¿Qué sería del amor sin las palabras? **No hay nada más bonito que decirle a la persona que amas todo lo que sientes por ella**, y si lo sentimos, pues vamos a decírselo.

****

Según me han comentado varios expertos, el TLP es seguramente el trastorno peor comprendido por los allegados de las personas diagnosticadas. Mi psicólogo me repetía en varias ocasiones, que, aunque la mayoría de las veces no puedo cambiar las conductas que Sonia hace inconscientemente, sí que puedo cambiar yo la forma de actuar ante esas conductas. **Solo con un pequeño cambio de conducta por mi parte, ya puedo generar cambios en la persona con TLP**. Antes repetía una y otra vez la misma "táctica" para intentar mejorar una situación, y aunque no resultara, insistía intentando que funcionara, sin lograrlo y desgastándome. **Pero si algo no funciona, hay que probar otras cosas, aprender del error e intentar algo nuevo**. No hay que esperar a hacer un cambio definitivo, todo de golpe y cambiar todo lo que hacías antes y tu forma de ser; simplemente se trata de pequeños gestos, de detalles, sin grandes expectativas, hay que ir poco a poco. Podemos marcarnos pequeños objetivos realistas que podamos conseguir. **Se trata de resolver grandes problemas dando pequeños pasos, de uno en uno**. Por ejemplo, si ves que tiene mala cara, preguntarle: cariño, ¿qué puedo hacer por ti? Para que sea consciente de que tiene mi apoyo, Sonia necesita escuchar mucho todas estas palabras, sentirse querida. Si me pregunta cualquier cosa, le doy su tiempo para que procese la información. A veces la medicación también hace que vaya un poco más lenta y que aumenten los tiempos de reacción, solo hay que tener un poco más de paciencia. Hay que poner la energía en buscar la solución, y no en el problema en sí que solo te desgastará y no te llevará a ningún sitio.

****

El orden para mi mujer también es fundamental, siempre me dice entre risas que <<bastante caos lleva ya en la cabeza como para ver también la casa desordenada>>. Y tiene razón. Intentamos mantener todo organizado, y así es más fácil. También le estresa mentalmente ir de visita a casas muy desorganizadas, y si además hay muchos niños gritando o personas hablando muy alto, pueden alterarle y desequilibrarle.

****

Hay actitudes conciliadoras que podemos tener en medio de una discusión, y en vez de estar esperando a que acabe el turno de la persona con la que estás discutiendo, pensando en lo que vas a decir tú, puedes concentrarte y escuchar activamente, comprendiendo cómo se siente, y después responder de forma calmada y asertiva. Un psicólogo me explicó que, si haces inspiraciones y expiraciones más lentas y profundas con el diafragma para relajar la respiración, acabas enviando una señal a tu mente para que se relaje también. Y funciona, en momentos de estrés o de impaciencia e impulsividad, puedes concentrarte en hacer varias respiraciones lentas, y solo el hecho de pensar en la respiración ya te aleja del foco que te estaba agobiando.

No hay que negar ni devaluar las emociones que la otra persona está experimentando ni decirle <<eso no es así>>, porque ella si siente en ese instante de forma muy real lo que está experimentando. Los familiares también debemos tener cuidado con no irnos al otro extremo cuando la persona con TLP expresa su dolor diciendo *no puedo más, no quiero vivir*, etc...Como expresé anteriormente no vale de nada añadirle más carga diciéndole *sí puedes*, sino que podemos afirmarle que nosotros le ayudaremos y que, aunque ella lo vea difícil ahora, estamos convencidos como en ocasiones anteriores de que lo conseguirá, dándole así un mensaje de ánimo y esperanza para salir de esa crisis. De esta manera he ayudado a Sonia a evitar dicotomizar sus pensamientos en buenos o malos, y poco a poco ir cambiando su perspectiva sobre lo que está sintiendo.

****

El único libro que me ayudó en cierta medida, dándome alguna visión desde el punto de vista de ayuda a familiares de personas que sufren este trastorno, se llama "Deja de andar sobre cáscaras de huevo". Sé que han salido otros libros sobre el tema, pero la información que aportan, desde mi punto de vista es para casos muy avanzados, o lo abordan de manera muy general, sin tocar apenas el tema de pareja que es lo que más me afecta a mí. Hay unas frases de un capítulo de este libro, que sí me gustaron mucho, que hablan sobre lo que puede hacer un familiar de una persona con TLP respecto a hacer cambios uno mismo:

<< *Aquí están las buenas noticias: tienes derecho a todas tus opiniones, pensamientos y sentimientos. Buenos o malos, correctos o erróneos, son parte de ti. Te convierten en quien eres. Y aquí están las malas noticias: todos los demás también tienen derecho a sus opiniones, pensamientos y sentimientos. Puedes no estar de acuerdo con los demás, y ellos pueden no estarlo contigo. Pero está bien.* ***No es tu tarea convencer a todo el mundo para que vea las cosas a tu manera****. (...) No puedes controlar el comportamiento de los demás. (...) Tu trabajo es saber quién eres, para actuar de acuerdo a tus propios valores y creencias, y comunicar lo que necesitas y quieres a las personas de tu vida. (...) Pero la decisión de cómo actuar sigue siendo de ellos. (...) Si cambian, será a su tiempo y a su manera (...). Para que tú te bajes de la montaña rusa emocional, debes abandonar la fantasía de*

que tú puedes o deberías cambiar a otra persona. Cuando abandones esta creencia, serás capaz de reclamar el poder que verdaderamente es tuyo: el poder de cambiarte a ti mismo. El ejemplo del faro alumbra la ***diferencia entre darle apoyo a alguien y tomar la responsabilidad de su recuperación****. Piensa en un faro. Se yergue en la orilla con su luz, que sirve para dirigir guiando con seguridad a los barcos hasta el puerto. (...) El barco tiene la responsabilidad sobre su destino. Puede elegir ser guiado por el faro. O puede ir por su propio camino.* ***El faro no es responsable de las decisiones del barco. Todo lo que puede hacer es ser el mejor faro que pueda ser****. >>*

****

Recuerdo con mucho cariño el día que Sonia dejó de fumar, después de veinte años como fumadora y varios intentos para dejarlo. Con cada intento fallido se frustraba más y le bajaba la moral. Ni me acordaba de lo que le dije para apoyarla, pero un día me recordó las palabras que le pronuncié, y me confesó que fueron claves, sin yo saberlo, para conseguirlo. Por lo visto me reconoció que se sentía una fracasada por no obtener la fuerza de voluntad para dejarlo, y le comenté que bastante valiente era ya con solo intentarlo, y que no se preocupara, que **cada vez que no lo**

conseguía no era un fracaso, sino que estaba más cerca de lograrlo, y así fue, pues uno de esos intentos fue el definitivo.

Dejar el tabaco y esa adicción que la envenenaba fue una satisfacción para todos. En cada crisis multiplicaba por cinco el consumo de tabaco y fumaba de forma compulsiva, y en vez de relajarla, cada cigarro solo le aliviaba temporalmente el mono hasta el siguiente, y esas ganas de fumar constantes la ponían cada vez más nerviosa.

****

Con el tiempo también aprendí que es importante ser modelo de conducta, y si yo mantengo la calma, a la vez le transmito calma, tranquilidad y paz a mi mujer. Me explicaron que a menudo es habitual que los familiares copiemos en determinados momentos algunos comportamientos de las personas con TLP, como la irritabilidad y la impulsividad, y si lo hacemos a la vez estamos animando a que estos patrones se repitan. Como me dijo mi psicóloga en varias ocasiones, a veces **es mejor tener paz, que tener razón**. Selecciona las batallas que quieres ganar, porque por mucho que quieras argumentar en estos instantes no vas a cambiar la percepción de la realidad que tiene la otra persona. En ocasiones nos abstraemos tanto en una discusión que descuidamos el motivo por el cual estamos invirtiendo tanto tiempo y desgastando tantos recursos, si al final no vamos a encontrar en este momento solución a la polémica, y sin embargo estamos alterando nuestra paz interior. Con Sonia me pasaba, sentía la necesidad imperiosa de defender mi punto de vista, me creía en la obligación de rebatir todos los comentarios que me parecieran injustos y contrarios a mi forma de pensar. Podemos vivir con nuestra razón y aceptar la versión de los demás, sin invalidar ninguna opinión, y ya habrá tiempo en otra ocasión de argumentar o demostrar con nuestro comportamiento que las cosas pueden ser de otra manera.

****

A mí me ayuda saber que yo tengo la suerte de no ser el que necesita la ayuda en esos instantes, y sí el que está para poder echar una mano. Me daba fuerzas pensar que yo podía razonar en los momentos de incertidumbre y ya que ella no tiene la capacidad en ese instante, yo tenía que conseguir ser todavía más tolerante. He obtenido mejores resultados a la hora de comunicarme, al tener más paciencia ante un agravio y en vez de contestar lo primero que se me viene a la cabeza, respirar contando hasta diez, hasta que la mente se relaja.

Tampoco debemos tomar decisiones importantes estando dentro de una crisis, y durante estos días me repito que quiero tener más paciencia en las conversaciones, y darle a mi esposa el tiempo necesario para que procese la información y piense lo que tiene que decir (ya que muchas veces debido a la medicación, hacen que vayan más despacio).

Es mejor, en todas las facetas de la vida, no actuar, hablar, ni responder con impulsividad. **Descubrí que yo no podía controlar las cosas que no me gustaba que me dijese mi pareja, pero sí que podía controlar la actitud que era capaz de tomar al respecto**. Insisto con lo mismo, es necesario elegir unas palabras en vez de otras, solo hay que parar un minuto y pensar antes de hablar.

A nosotros nos sirvió la metáfora de la luz roja, una parada que debíamos hacer cuando mi mujer me lo pidiera en caso de que la carga emocional ya fuera muy intensa e incontrolable, y así dejar la discusión para otro momento en los que ambos estuviésemos más calmados. De esta forma hacemos un paréntesis hasta que la intensidad de las emociones baje un poco. Es difícil cumplirlo cuando tienes cosas pendientes que comunicar, pero es importante intentar respetar ese tiempo y ese espacio, ya que evitaremos ir a peor y poco a poco nos iremos relajando, pasando a luz verde. No se debe confundir con el no poder expresarnos nunca por estar constantemente en luz roja para no tratar ningún tema, sino que se trata de intentar estar en luz verde disponible la mayor parte del tiempo, buscando siempre la ocasión más adecuada. A veces también ocurre que cuando ha pasado la tormenta de una crisis o acabamos una conversación desagradable, y hemos pasado a luz roja y esperamos a que todo se tranquilice, ya no queremos volver a sacar el tema cuando estamos ahora bien para no estropear el buen momento; pero hay ciertas cosas que hay que volver a hablar, precisamente para evitar que vuelvan a ocurrir. Si comunicamos algo y la respuesta que obtenemos no se corresponde con lo que estamos manifestando, debemos aprovechar esa respuesta como información valiosa y modificar nuestra forma de comportarnos, y comunicarnos hasta obtener la respuesta que queremos.

El dejarle su espacio físicamente también es una buena forma de ayudar a mi mujer. Dar espacio cuando lo necesita, aunque solo sea unos minutos para relajarse, permitiendo así que baje la intensidad de las emociones.

****

Transcribo algunas expresiones que a mí me sirvieron a la hora de actuar y hacer más llevaderas las relaciones tanto conmigo mismo como con otras personas. De la web *"cuida tu salud emocional", en el blog de cómo evitar los pensamientos negativos:*

1. "Líbrese de la opinión de que es horrible que las cosas no salgan como a uno le gustaría":

- *"Si no salen una vez, ya saldrán a la siguiente. Lo que importa es que usted mantenga la esperanza".*
- *"Lo más razonable es intentar cambiar las cosas que no van como nos gustaría sin resignarse pasivamente ante ellas; y, si el cambio no es posible, procure aminorar el dolor o malestar que provocan".*

Respecto a esto, yo solo añadiría que, mirando las cosas con optimismo y constancia, al final conseguimos esos pequeños cambios. Las cosas son como son y no hay que intentar cambiar de golpe todo lo que no nos gusta.

2. "Para considerarse valioso, no se sienta en la obligación de tener que demostrar que entiende de todo y que es competente en todo":

A veces Sonia se siente así. Pero podemos permitirnos fallar en cualquier cosa y aprender, y volver a intentarlo, aceptando nuestras limitaciones y reforzando en todo momento las que sí sabemos realizar muy bien.

3. "Algunas personas son malas y merecen un escarmiento o la reprobación social".

En ocasiones mi mujer me decía que había gente que se había portado mal con ella y le había hecho mucho daño. Todos nos encontramos con personas que nos lastiman alguna vez. Ella tenía ánimo de revancha, de venganza, y se llenaba de pensamientos negativos. Con el tiempo, personalmente aprendí a aceptar los propios errores y los ajenos, como consecuencias inevitables de la propia naturaleza humana y de vivir la vida, y desde luego uno es más feliz cuando se libra de esas cargas emocionales tan negativas. Yo pedí perdón, incluso muchos años después, a las personas que recordaba que alguna vez había causado daño incluso sin querer, y también pedí perdón a las personas con las que me había enfadado porque esperaba más de ellos y quizás le había exigido demasiado, por una cuestión únicamente mía de expectativas. También perdoné de alguna manera, retomando relaciones o simplemente verbalizándolo en mi mente y en mi interior, a las personas que me habían dañado a mí. Desde ese día, duermo un poco mejor cada noche.

4. "No esté siempre preocupado y esperando lo peor por si algo puede salir mal o resultar peligroso".

- *"La visión catastrofista de la vida no va a arreglar nada y le empeora mucho a usted mismo".*
- *"Cualquier sufrimiento por adelantado es completamente superfluo: nos impide disfrutar del momento actual y es un sufrimiento extra pues no va a restar sufrimiento al dolor real".*

Si algo malo tiene que pasar, pues pasará. Pero no ganamos nada por preocuparnos por adelantado de algo que no podemos controlar. A veces el miedo al sufrimiento por algo que no sabemos si va a pasar o no es peor que el propio sufrimiento.

5. "No piense que es mejor evitar las responsabilidades que enfrentarse a ellas".

- *"Al contrario, mientras antes se enfrente a ellas, todo irá mejor".*
- *"Lo lógico y razonable es considerar el hecho de fracasar de vez en cuando como la consecuencia natural de intentar nuevas cosas".*

A partir de ahora ya no hay fracasos, sino aprendizajes.

6. "No llegue a creer que lo ocurrido en el pasado nos ha afectado de tal manera que no se puede borrar, y que por eso determina nuestra conducta pasada y futura".

- *"Lo pasado, aunque tenga su peso, pasado está y se puede integrar".*
- *"Más que al pasado, tenemos que atender a lo que aquí y ahora está pasando por nuestra mente en forma de catastrofismo, exageraciones u otras distorsiones de la realidad".*

7. "No crea que debemos sentirnos muy preocupados por los problemas y perturbaciones de los demás".

Esta afirmación en concreto es muy válida y me sirvió personalmente para poder manejar mejor mis propias conductas y las de mi mujer, afectada de TLP.

- *"Sepa distinguir claramente cuándo un problema es suyo o de otros".*
- *"Si el problema es del otro, escuche; si el problema lo tiene usted, dígaselo claramente".*

8. "Debe eliminar la creencia de que existe una solución precisa y concreta para cada situación y que, si no la encuentra, sobreviene la catástrofe".

- *"Puede haber varias soluciones, a veces contrapuestas".*
- *"Y si no se hallan a la primera, ya saldrán a la segunda o a la tercera... o a la décima".*

¿QUÉ PUEDO HACER YO POR MÍ, PARA SENTIRME FUERTE Y PODER AYUDAR?

Los familiares de las personas con TLP también sufrimos, y mucho. Primero por ver padecer a la persona que quieres, y segundo por los comportamientos derivados ante una crisis, al sentirnos devaluados, etc. Es estresante asimismo para nosotros estar todo el día en alerta, con la incertidumbre de cuándo va a volver a suceder, de cuándo va a volver a estallar un periodo donde a lo mejor nos culparán de nuevo sin motivo aparente. Quizás sea más útil entonces actuar como un "espejo" más que como una "esponja", evitando cubrir ese sentimiento de vacío que rodea a nuestra pareja y si no logramos llenarlo nos crea un sentimiento de culpa. La esponja absorbe el dolor o la tristeza de la persona con TLP, y al sentirse temporalmente mejor puede volver a usarte como esponja, como táctica para sentirme mejor consigo mismo en otras ocasiones. Pero es ficticio, porque esas emociones no desaparecen por pasárselas al otro, y al final acabaréis los dos con el mismo dolor sin poder ayudaros. El espejo en cambio evita que nos empapemos de la ira y el dolor, devolviendo a la persona con TLP las emociones que está sintiendo para que sea consciente también de sus palabras y de sus comportamientos: *"Esto logras con lo que haces, si me hablas mal, me alejas de ti"*, etc.

Es bueno recordar que **el vacío pertenece a la persona que padece la enfermedad y NO a su pareja**, porque, aunque los familiares podemos hacer que el entorno sea lo más favorable posible, solo el afectado puede solucionarlo.

Aprender a decir NO. Al comienzo de la relación aceptaba casi todos los planes de Sonia, aunque me parecieran inoportunos y no me apetecieran. Me gustaba complacerla y no me apetecía que me acusara de nuevo de que yo era un gruñón que no quería hacer nada con ella. Con el tiempo me di cuenta que estaba dejando de hacer cosas que me gustaban, por cosas que no me gustaban nada, simplemente por aceptar sus planes. Empecé a comportarme de acuerdo a mis propios criterios, y al principio nos costó alguna pelea, pero ella fue entendiendo que a mí me parecía bien que realizara ese plan sola o con otras personas, pero al igual que ella no quería acompañarme a todas mis aficiones yo no quería hacer todos los planes que se le ocurrieran. Recuerdo las palabras de una reflexión cuando nos casamos, en una lectura que habla de la unidad, pero también de la necesaria y sana independencia.

"Permanecer juntos, crecer juntos, cantad y bailad juntos, alegraos, pero que cada uno de vosotros conserve la soledad para retirarse a ella a veces. Hasta las cuerdas de un laúd están separadas, aunque vibren con la misma música.

Ofreced vuestro corazón, pero no para que se adueñen de él. Y permaneced juntos, mas no demasiado juntos: Porque los pilares sostienen el templo, pero están separados. Y ni el roble ni el ciprés crecen el uno a la sombra del otro”.

****

Es probable que conocer y actuar según los propios límites ayude a entender que el único que puede cambiar es uno mismo, y eso incluye a ambos miembros de la pareja. Una relación es un sistema y una estructura: si uno de los elementos cambia, la estructura se modifica. A veces el poner límites no es para controlar la conducta de otra persona, sino para saber lo que uno mismo necesita; no puedes controlar lo que dicen los demás, pero sí puedes controlar la actitud que tomas frente a lo que te dicen y qué decisiones tomas al respecto. Sonia lo entiende perfectamente, cuando le argumento si ella vería bien que yo le hablara a un familiar suyo o ella misma de la forma en la que ella me habla a mí, o si intervendría y pondría limites si ve que alguien trata mal a nuestra hija.

Cuando las peleas son repetitivas, teniendo que soportar una sensación de injusticia o de expectativas personales muy altas mantenidas en el tiempo, es fácil sentirnos estresados y asfixiados. Por esas exigencias que no podemos satisfacer o por la sensación de falta de equilibrio entre lo que damos y lo que esperamos recibir. En mi caso también por los sacrificios que hacía al principio dejando de realizar actividades que me agradaban o atendiendo a Sonia cuando reclamaba mi atención bajo cualquier circunstancia. Era asfixiante atender todas estas necesidades que me demandaba, ya que ella casi siempre permanece todo el tiempo sintiendo que nunca tiene demasiada atención y cariño.

El agotamiento emocional aparece cuando esto se prolonga y sentimos que la fatiga mental llega, sin poder hacer frente a nuevos conflictos y responsabilidades, y que normalmente viene acompañado de fatiga física. Hubo un punto en el que me colapsé y andaba irritado, con insomnio y sin fuerzas para continuar, empezando a distanciarme incluso emocionalmente de mi mujer, ya que ella era el foco de mi plena atención. Una manera con la que conseguí salir de esta situación fue la de encontrar tiempo libre para descansar mentalmente, tiempo para mí. Desconectar y así volver luego con más fuerza, siendo consciente que la otra persona al igual que tú estará sufriendo y también tendrá deseos de solucionar cualquier conflicto o pelea.

Qué importante es darse cuenta de **tener tiempo y espacio por separado**, y que no absorbamos el uno al otro. Para mí es imprescindible disponer de mi tiempo para desconectar, y así recuperar la energía y volver fortalecido y con la mente despejada: disfrutar de la belleza de las cosas que me gustan, de salir al monte o de pasear bajo la luna. Hay un par de tuits del escritor motivacional Espíritu González que me llegaron especialmente: *"La noche no es el mejor momento para pensar. Con la luz del sol se ve todo mucho más claro", "cuando estés cansado, descansa. Cuando creas que ya no puedes más, descansa un poco más. ¿Abandonar? Jamás".*

Mucha de esta energía mencionada se nos va día a día en reflexionar preocupados sobre el mismo tema, en estar lamentando no tener un pasado que ya no existe o de estar fantaseando con un futuro mejor. Al principio fui cediendo en muchas aficiones individuales que tenía antes de conocerla, todo para que la relación no pasara por ninguna crisis de pareja. Está claro que todas las parejas llegan a acuerdos y son flexibles para poder estar juntos, pero Sonia cada vez me pedía más, y parecía que no llegaba nunca a satisfacerla por más que yo cediera. En mi caso el deporte es muy importante, para que no se me agríe el carácter, lo sé desde hace muchos años y me sienta bien practicarlo. Conforme cedía y dejaba de hacer cosas solo para estar con ella, iba siendo consciente del gran coste social y personal que yo estaba sufriendo. Una vez más la psicóloga y el tiempo nos ayudó a establecer acuerdos y comprender qué la necesidad individual de hacer cosas por separado no implica que no quieras estar con la otra persona. Sonia aprendió que puede estar sin mí y que hasta le viene bien tener una separación temporal, ya que seguiré estando ahí cuando regrese.

****

Hay ciertas estrategias para mejorar el ambiente del afectado y de los familiares que conviven con la enfermedad, estabilizando los síntomas en las crisis y previniendo recaídas. En lo que dure esta fase, es importante no hablar sobre la enfermedad y por supuesto no atacar a la persona con TLP culpándole de que su comportamiento y de todo lo que hace mal es debido a la propia enfermedad. No debemos cometer el error de pedirle que se tome una pastilla para controlar la ansiedad o cualquier otra medicación, pues ella ya sabe que puede tomársela por si sola.

Sonia me explicó en una ocasión, para ver si conseguía acercarme un poco a lo que sentía, que es como si tuviera algo malo dentro de su cerebro, mil imágenes por segundo, todo oscuro y negativo, sin poder centrarse. Algo que no puede controlar a su antojo y por mucho que le diga *anímate o no te preocupes* no puede elegir estar más contenta o centrada.

Da igual cómo solucionamos la última pelea o, si simplemente nos reconciliamos y lo dejamos pasar, la clave es seguir adelante, sin rencor, sin darle más vueltas y sin buscar una respuesta racional de por qué nos comportamos de una u otra forma. La clave es dirigir toda nuestra energía en crear lo nuevo, y no desgastarnos en lidiar contra el pasado, y siempre plantearnos la misma cuestión, **¿cómo actuaría el amor para resolver esta situación?**

****

Cuando paso de ser el más bueno al más malo debido al pensamiento dicotómico de Sonia, mi tarea es la de mantener un comportamiento y una visión propia equilibrada de mí mismo. Los familiares pasamos rápidamente de héroe a villano, e igual que anteriores situaciones lo más saludable es no tomarlo de forma personal; disfruta de lo agradable que es que te digan cosas buenas, pero no te hundas y lo tengas en cuenta cuando seas el malo de la película y te hagan responsable de todo.

Todo lo que opinen sobre ti solo te debe importar cuando realmente sea verdad. Si es bueno puedes disfrutarlo, pero

si es malo y cierto te puede servir para corregirlo. Por muchos argumentos convincentes que ella se crea y que me los repita, si yo sé que no es lógico y no tiene razón, debo mantener una perspectiva racional sobre lo que ha pasado sin tener en cuenta sus ataques, y sobre todo sin responder con otros ataques para defenderme. Es importante no perder el criterio y el punto de vista sobre lo que es normal, porque a veces a base de acostumbrarse por repetición a una situación que no es saludable, acabamos aceptándola. A veces sin darme cuenta cometo el error de desgastarme pretendiendo demostrar que sus acusaciones no son reales, entrando en el juego, intentando convencerla de que tengo razón, pensando que así los problemas desaparecerán. De esta forma consigo justo lo contrario en discusiones que no tienen final y que se repiten una y otra vez. Tanto ella como yo hemos caído en el error de que de cada uno tiene la verdad absoluta, y que el otro debería estar de acuerdo, que todo sería más fácil si pensáramos igual. Ella tiene derecho a tener sus propios pensamientos y opiniones, al igual que yo también tengo derecho a tener mis propios pensamientos y opiniones.

Pero lo cierto es que no nos corresponde hacer que la otra persona actúe como nos gustaría o que piense como nosotros solo porque creamos que es la manera correcta, sino que podemos decidir qué acción tomaremos ahora que sabemos cómo piensa el otro ante una situación similar que ocurra en el futuro. Si las acusaciones no son ciertas, no tienes por qué defenderte de ellas, sino que puedes intentar argumentar lo que sientes sin devolver el ataque a la otra persona. No hay que entrar en el juego de argumentar esas críticas, pero sí puedes a veces con sentido del humor y con buen rollo, u otras veces estando de acuerdo en parte, argumentar tu propio pensamiento. Por ejemplo, cuando iba a salir de casa para hacer ejercicio físico en el día de la semana que teníamos pactado, me echaba en cara que *prefería irme a hacer deporte antes que estar con ella*. En vez de ponerme a discutir por las acusaciones como al principio de la relación, funciona mejor el responderle sin entrar en el juego de que no quiero estar con ella: *Sí, voy a salir como tenía planeado, volveré en un rato y estaremos juntos después*. El deporte me sienta genial, y la mente y el cuerpo son parte del mismo sistema, y un cambio en uno afecta sistemáticamente al otro.

Hay que entender la importancia de no dejar de hacer las cosas que nos gusten, ni las amistades ni las aficiones. En definitiva, cuidar al cuidador, es decir, cuidarnos a nosotros mismos también. Decidí invertir tiempo y desarrollo personal en mí, ya que la mejor forma de ayudar a mi mujer es trabajando sobre mí mismo y mejorando yo también. Aunque me pase el día con Sonia compartiendo estos periodos críticos, tan solo con mi compañía ella no va a mejorar en futuras crisis. Necesito estar estable emocionalmente y no perderme en el proceso de acompañarla, no perder mi identidad, porque si lo hiciera y me dejara arrastrar por todos los problemas, ya no podría ayudarla a ella y mi mujer solo tendría a su lado a una persona depresiva.

SOBRE MÍ

Con todo lo que he ido comentando, no quiero decir que toda la responsabilidad sobre los problemas que tenemos en la convivencia (como cualquier pareja), sean debido a que Sonia padece de TLP. Yo también tengo, como en cualquier relación, mi mitad de responsabilidad. Y por supuesto tengo el 100% de responsabilidad del modo en el que actúo. También soy persona y tengo derecho a equivocarme. De hecho, he metido la pata muchas veces e inevitablemente lo seguiré haciendo en algún caso. Pero siempre lo he hecho lo mejor que he podido, con las herramientas y los recursos que tenía en cada momento. Lo bueno es que ahora sé que **los errores son aprendizajes**. En el instante que cometo algún fallo, trato ser humilde y pedir disculpas. Cuando a lo mejor en alguna ocasión he perdido la paciencia, he subido el tono de voz y respondido de forma desagradable, no porque sienta que ella me ha hecho más veces daño a mí que a la inversa, tengo que dejar de disculparme. Pedir perdón es un acto de amor y de humildad, donde asumo mi responsabilidad y reconozco que me he equivocado.

Si mi mujer al principio no acepta mis disculpas y se ha cabreado de forma desproporcionada, solo puedo explicarle que no puedo cambiar el pasado, pero esto nos puede servir para aprender y hacer las cosas mejor en el futuro. Aunque a veces le cueste ver todo lo positivo, lo que sí le doy y todo lo que hago por ella, normalmente acaba entrando en razón.

Solo intento que mis errores sean parte de mi aprendizaje y seguir mejorando. En este libro intento explicar desde mi humilde punto de vista lo que yo he vivido, y como he actuado ante la conducta de mi mujer en medio de una crisis. No soy el hombre más bueno, ni el más paciente del mundo, ni el que más sabe acerca de cómo proceder en cada situación. Lo que sí sé es que todos podemos mejorar. De hecho, sé que cada día que pasa mejoro, intentando ser menos gruñón, más estable y tolerante, sin permitir que las cosas que no entiendo me afecten tanto y puedan cambiarme el estado de ánimo.

Al principio me costaba reconocer los propios fallos que cometía, y al recibir críticas me lo tomaba demasiado personal, y no como algo constructivo de la que podría sacar una lectura positiva. Con el tiempo he aprendido a intentar no ponerme a la defensiva ante las diferentes acusaciones, aceptando las críticas que sí pueden ser ciertas, y escuchar sin discutir las que no lo sean, manteniéndome calmado y tranquilo ya que en alguna ocasión tendré la oportunidad de tratar todos estos temas, cuando sea mi turno de palabra o en cualquier otro momento que sea adecuado para expresar lo que pienso y lo que siento. Debemos dejar que se calmen las aguas turbulentas para poder pensar con claridad. Pero para eso hay que tener muy presente lo que realmente significa tener una escucha activa, sin estar pensando mientras te hablan lo que tú vas a contestar. Prestando atención a las emociones que nos expresa la otra persona, a la forma de decirnos si está triste o enfadada, para así poder comprender la magnitud de sus sentimientos y actuar de la forma más adecuada posible.

A veces podrás comprobar, si practicas el no devolver ataques y argumentos, que solo con haber permanecido escuchando la otra persona ya se siente mucho mejor por haber podido desahogarse, sin discutir y sin ser interrumpida.

****

Una vez como oyente en una charla, escuché preguntar al terapeuta:

—Del uno al diez, ante una crisis, ¿qué nivel de paciencia estáis aplicando cuando nos encontramos una situación que puede originar una pelea en casa?

Cualquier respuesta que dimos era válida, y yo respondí un cuatro, suspenso...

Él me dijo:

— Genial, aún tienes seis puntos de margen de mejora. ¿Crees que podrías dar más de sí? ¿Crees que podrías esforzarte y llegar por ejemplo al ocho para lograr que en casa haya más paz?

— Creo que sí — le respondí.

Y me volvió a preguntar:

—¿Y por qué no lo estás haciendo ya?

Esa sencilla pregunta me hizo reflexionar al llegar a casa, y el terapeuta tenía toda la razón. Era cierto, ¿a qué estaba esperando?

Da siempre lo mejor de ti mismo, siendo la mejor persona que seas capaz de ser. Pasamos el día lamentándonos, preguntándonos por qué nos toca a nosotros esto o lo otro, con las tensiones, el estrés y las preocupaciones que nos impiden ver lo bonito de cada día. Imagina que cada día lo pudiéramos vivir dos veces, la primera vez con normalidad como lo hacemos hasta ahora, con esas cosas negativas que nos impiden ver lo bueno. Y la segunda vez, recordando cómo ha sido ese día y como te hubiera gustado que hubiese sido, que cosas hubieras hecho de manera diferente, quitando todo ese enfado y estrés, y fijándonos en lo hermoso que queda, disfrutando lo que la vida nos ofrece y dando lo mejor de nosotros, viviendo ese día como si fuera el último. Para hacer las cosas cada vez mejor y mejorar como persona, compórtate cada día como si fuera el último, dando lo mejor de ti mismo. Pregúntate, ¿qué legado quieres dejar? ¿Cómo te gustaría que te recordaran?

Os recomiendo ver la película *About time (Cuestión de tiempo),* que tiene puntos y frases para reflexión:

- *"Solo intento vivir cada día como si hubiera vuelto deliberadamente a este día, para disfrutarlo como si fuera el último día de mi extraordinaria y ordinaria vida".*

- *"Todos viajamos por el tiempo juntos, cada día de nuestra vida. Y lo que debemos de hacer es dar lo máximo y disfrutar de este maravilloso viaje".*

No te sientas culpable si en alguna ocasión no has sabido ayudar como esperabas, la próxima vez lo harás mejor, esto no es una ciencia exacta ni un manual con los mismos pasos a seguir en cada momento, tienes que ir descubriendo qué estrategia se adapta mejor en las distintas situaciones. No nacemos entrenados ni hemos recibido formación para lidiar con este trastorno.

Elimina las frases como *"por qué me ha tocado a mí"*, o *"lo estoy haciendo mal"*. Dedícate palabras bellas, porque si quieres ayudar a tu familiar con TLP, como tú te veas, ella te verá. Si te ves flojo, ella te verá flojo y poco la podrás ayudar.

Date el valor que te mereces. Sé fuerte, porque tú sí puedes serlo, y ella verá en ti la fuerza que no tiene y que necesita en esos instantes.

****

Practicar Mindfulness también me ha ayudado a vivir con un poco más de paz, a calmar mi mente y ver las cosas con más claridad. Me ha servido para recuperar el equilibrio emocional, para hallar múltiples soluciones ante situaciones complicadas, y también para fortalecerme mentalmente y permitirme tomar decisiones. Creo que cualquier persona se puede beneficiar de una vida más relajada y de disponer de diferentes criterios para afrontar las cosas, pero en especial los familiares de las personas con TLP necesitamos una ayuda extra y un poco más de armonía interna para aliviar la ansiedad y el estrés, que a la vez hará que mejoren nuestras relaciones con otras personas.

La impulsividad se puede intentar contener ayudando a la persona con Trastorno Límite de la Personalidad a no tomar sobre la marcha decisiones más emotivas que racionales. La memoria suele decirnos cómo debemos pensar o actuar ante un estímulo emocional, cómo debemos comportarnos según lo que hemos aprendido en el pasado.

El psiquiatra Vicente Simón imparte cursos sobre meditación para profesionales de salud mental, y os recomiendo alguno de sus libros (por ejemplo, iniciación al Mindfulness), donde nos cuenta que normalmente "*ante uno de esos estímulos, suele haber una interpretación ya preparada, y que a esa interpretación le sigue una reacción igualmente programada (...). Sin embargo, existe la posibilidad de detener esa rutina, un momento de conciencia en el que se crea un espacio de libertad en el que surge la oportunidad de no seguir necesariamente las pautas marcadas*".

Resumidamente, es tiempo de hacer las cosas de otra manera respecto a cómo las estábamos haciendo, o en ocasiones donde también tendremos la oportunidad de no actuar, de no decir nada para no aumentar la intensidad de las emociones del TLP durante el conflicto.

En el libro también nos explica ejercicios muy simples de meditación, para estar relajados y poder afrontar las diferentes situaciones que se nos presentan. Ante los diferentes conflictos del día a día, de la rapidez con la que vivimos y el estrés del trabajo, familia, etc, abrir una puerta al silencio y obtener la ausencia de actividad es imprescindible para pausar los compromisos, y darnos cuenta de que estamos viviendo un momento único e irrepetible que ya no volverá.

Hay que disfrutar de los buenos instantes y vivir el aquí y el ahora, sin estar dándole vueltas constantemente al pasado o sobre qué ocurrirá en el futuro. Como dice Vicente Simón, *"esto implica darnos unas pequeñas vacaciones de la presión externa que normalmente nos agobia* (...).

En nuestra cultura se nos ha acostumbrado demasiado a buscar soluciones a los problemas solamente fuera de nosotros mismos". Eso es imprescindible para obtener la ayuda profesional para todo lo que hemos visto anteriormente, pero la calma y el sosiego también los podemos obtener trabajando la paz en nuestro interior, teniendo una perspectiva diferente a la que teníamos. *"No nos dejemos invadir en el desasosiego, ni caigamos en la desazón de pensar que no nos encontramos ya en el lugar en el que debiéramos estar (...). Caer en la cuenta de esta simple verdad puede tranquilizarnos extraordinariamente"*.

El primer ejercicio, el más sencillo y a la vez uno de los más importantes, es el de observar nuestra respiración, centrando nuestro foco de atención en ella y alejándonos de los problemas externos es el primer paso para apaciguar nuestra mente. Consiste en respirar profundamente concentrados en cada inspiración y expiración, observando si tenemos dificultades para mantenernos inmóviles, siendo así conscientes de que hay algo que nos está perturbando.

"Contémplate a ti mismo con buenos ojos, abandona los reproches y descubre en ti a una persona merecedora de cariño y de una existencia dichosa. Quiérete. Perdónate. Es posible que, por primera vez, abras tu corazón a ti mismo por completo y te puedas regalar un montón de buenos deseos".

Conocerse a uno mismo es la mejor manera de poder ayudar a los demás, y de aceptar completamente la realidad en la que vivimos, disfrutando de lo que ya tenemos. Meditar y estar más relajado nos ayuda a huir del ego, de los patrones preconcebidos que nos hemos ido creyendo del pasado y de las especulaciones y temores del futuro. Nos tiramos toda nuestra vida persiguiendo o huyendo de algo, descuidando el placer de vivir cada momento.

"Pensamos muchas veces que tendríamos que liberarnos de algo, pero de lo único que hay que librarse es del pensamiento de tener que liberarse (...). Ya somos lo que tenemos que ser. Simplemente, no lo sabemos todavía". Si recapacitamos sobre nuestras propias emociones, podremos extraer y aprender sobre ellas, y nos ayudará a conocernos mejor, reconociendo que la mayoría de las veces actuamos de forma visceral y automática.

Cuando estemos saturados de responsabilidades, de opiniones y de sucesos, no siempre podremos cambiar lo que nos rodea, pero sí podemos ser flexibles y adaptarnos para lograr encontrar la mejor solución posible, y sobre todo llevar nuestro día a día de la mejor manera posible. La meditación nos ayuda a que los problemas nos perturben menos y podamos seguir disfrutando de tranquilidad y bienestar. Resulta agradable elegir una música instrumental tranquila y agradable, y disponer en algún momento del día de un entorno que nos permita sentirnos seguros y relajados. Ponte velas y aromas si te apetece, y comienza por respirar de forma controlada. Relaja tu cuerpo y tu mente, disfrútalo. Y recuerda de nuevo que la mente y el cuerpo son parte del mismo sistema, y un cambio en uno afecta sistemáticamente al otro.

****

Me ha ayudado mucho asistir a ponencias sobre **desarrollo personal** y también el practicar la **PNL tradicional** (programación neurolingüística). Te sugiero que leas y te informes al respecto, y si puedes acudas a alguna conferencia, ya que te permitirá tener otras perspectivas, más flexibilidad a la hora de pensar y de actuar.

Practicar PNL me ha enseñado a que **el mapa no es el territorio**. Básicamente significa que, si tomamos la realidad como el territorio, y la interpretación que cada uno de nosotros hacemos de esa realidad como el mapa, veremos que cada uno tiene una percepción acerca de algo según lo que ha vivido, en las circunstancias y limitaciones con las que lo ha vivido y como se ha manejado en ese momento ante esa situación. Creamos nuestros mapas en base a las experiencias que hemos tenido referente a una realidad en concreto, y que nos ayudan a desenvolvernos en el día a día, pero debemos ser conscientes de que no es la realidad absoluta, sino una realidad subjetiva. Cada emoción que hemos sentido la hemos convertido en una forma de pensar y de actuar, y así cada persona va creando su propia realidad y su forma de relacionarse con los demás. Lo cierto es que, ante la misma situación, otras personas han reaccionado de otra forma, con otras circunstancias, y el mapa que recuerdan del mismo territorio es bien distinto al tuyo. Por simplificar un poco el concepto, nos explica que hay diferentes formas de pensar y que no siempre uno tiene la razón, aceptando que cada uno tiene su "verdad" y aceptando también la parte de razón que tengan las otras opiniones.

Normalmente, el tener un mapa inflexible nos limita, y es mucho más sencillo aprender contemplando muchos más puntos de vista. Abriendo la mente podremos enfrentarnos a los problemas y resolver los conflictos teniendo muchas más opciones. Además, ahora que lo sabemos, podemos tener en cuenta que la persona con TLP también tiene su propio mapa mental, con sus limitaciones, con sus experiencias, y tiene formas diferentes de ver las cosas. El gran desafío es que también sepa que hay otra forma de hacer las cosas, introduciendo cambios y nuevos planteamientos que le permitan progresar. Cada nuevo día que vivimos y cada nueva experiencia amplían nuestros mapas.

Te recomiendo que leas por ejemplo a Salvador Gálvez, y transcribo algunos extractos de su web:

http://www.escuelaespnl.com/blog/masonry-blog/

"Cuando la Vida tiene un sentido:
Hoy no funcionaba internet ni en casa, ni en la oficina. Hoy toca ese inconveniente. Otro día fue la enfermedad de mi madre. Otro día una decepción con la conducta de tal persona. Y así cada uno de nuestros días, la Vida te presenta algo que no esperas. Algo que puedes valorar en positivo o en negativo. ¿O quizás se trata de no hacer valoración alguna? Nuestras emociones nos conducen a estados de plenitud, pero también de carencia. Eso ya lo sabemos. Ahora bien, ¿cuál es la causa? La causa es que nosotros hacemos unos planes para la vida que unas veces se cumplen y, otras veces, la Vida tiene sus propios planes. Es decir, hay algo que está más allá de lo emocional, más allá de lo racional. La Vida que nos trae aquí, dado que no existe prueba de que nadie solicitase nacer, ni de que se crease a sí mismo, es la responsable de todo lo que ocurre, también es la responsable de que el ser humano tenga conciencia y se tenga que hacer a

su vez responsable de su propia vida (...). Así que amarse a uno mismo implica amar la Vida de la que venimos. Y amar la Vida implica amar a los que son nuestros semejantes. Así que cuando sucede un hecho, el que sea, lo aceptamos y nos ponemos en acción para proteger nuestra vida. Así que cuando otra persona realiza una acción, la que sea, lo aceptamos y a su vez nosotros respondemos y actuamos desde el Valor humano que tenemos cada uno. Una vez que hemos comprendido todo esto, libres del ego, libres del miedo y la culpa, podemos vivir desde la paz, la alegría y la libertad, sumando con nuestros semejantes"

"Dar demasiado:

¿En alguna ocasión has tenido la sensación de que has dado demasiado? No ya más de lo que te pagan, no ya más de lo debido, no ya más de lo que podías aguantar, sino que has dado hasta la desesperación, esperando ser querido, esperando ser reconocido, esperando que por el hecho de dar atesoraras más méritos de los que ya tienes. La sensación de haber entregado y derrochado todas tus fuerzas en el trabajo, la sensación de haber sostenido y cargado con todo, en la familia, en algún grupo o asociación o con una pareja o amigo; la sensación de ser invisible a pesar de todo lo que te esforzarte en dar a otros, la sensación de que muy pocos son

conscientes de todo cuanto hiciste por ellos... La sensación de ser ignorado, olvidado y que tan sólo unos pocos, muy pocos, son conscientes de que tú estás siendo la fuente de dar todo lo que tienes para satisfacer las necesidades ajenas. La sensación de la soledad total a pesar de que tú has sido entrega total. Si ese es tu caso, el problema no está en dar, probablemente el problema está en darte. Antes de dar a los demás has de darte y conocerte a ti mismo".

Resumido en una frase: para ayudar a los demás primero hay que estar bien consigo mismo, pero a la vez es una rueda, porque cuando estás ayudando a alguien también te estarás ayudando a ti. Es similar a lo que ocurre cuando damos las gracias por algo a cualquier persona.

Dar las gracias y realizar demostraciones de gratitud impulsa un ciclo de agradecimientos y generosidad: le das las gracias a la persona que quieres y ella se siente más valorada y la vez se esfuerza más en la relación, lo que a su vez provoca que tú te sientas más agradecido por esa relación y sigas apostando por ella.

****

También te recomiendo que leas el prólogo de la novela *Cuando despertó* de Francisco González, donde nos explica:

"Si tengo un objetivo en mi vida, es el de intentar no cometer el mayor pecado que uno puede perpetrar, que es el de no ser feliz. Si quieres bailar, baila. Si quieres escribir, escribe. Si quieres cambiar, cambia (...) Como decía Platón, el comienzo es lo más importante de la obra. Yo añadiría, que si tomásemos nuestra propia vida como la mayor obra que cada ser humano puede realizar, tendría sentido empezar a vivirla como se merece, dándole la verdadera importancia que tiene cada cosa. Da igual cómo nos haya ido anteriormente, la clave del cambio es dirigir toda nuestra energía en crear lo nuevo, y no desgastarnos en lidiar contra el pasado. Lo importante no es evitar caerse en esta carrera, ya que la vida es puro ensayo y error, lo importante es no permanecer en el suelo, levantarse y seguir corriendo, porque merecerá la pena (...). Veinticinco años de media es lo que pasa una persona durmiendo, podemos afirmar que desperdiciamos mucho tiempo absortos en preocupaciones, tengan o no solución. Tiempo que no nos sobra, ya que es limitado, se gasta, y por eso es tan valioso. El artículo finalizaba con una gran frase que tengo seleccionada como fondo de pantalla. La vida nos regala cada día un cheque en blanco de veinticuatro horas, tú decides como invertirlo. Es hora de despertar".

Podemos realizar pequeños cambios en nosotros, que darán como consecuencia lugar a cambios más grandes en nuestro entorno. Si ampliamos nuestra mente, descubriremos que nunca más seremos la misma persona, y si yo he podido mejorar, cualquiera de nosotros tiene esa capacidad.

Acepta la realidad tal y como es, y acepta también tus virtudes y defectos. Potencia esas cosas buenas que tienes (si no las encuentras, pregúntale a la gente de tu entorno qué cosas buenas ven de ti), aférrate a ellas como parte de tu valor y foméntalas. Se consciente de tus defectos e intenta mejorarlos sin presión, día a día, situación tras situación. Será una nueva oportunidad para que lo practiques.

Intenta sacar el sentido del humor a las cosas, aunque al principio tengas que forzar la sonrisa y la broma, quítale importancia a la situación, convirtiéndole en algo más ligero y llevadero.

CONCLUSIÓN

He compartido las diferentes estrategias que a mí personalmente me han servido para afrontar ciertas situaciones y que practicándolas resultan eficaces, intentando que las crisis sean cada vez menos frecuentes, menos intensas y de menor duración.

También he comentado que atendiendo nuestras propias necesidades e implantando límites, aumentan las probabilidades de mantener una relación feliz duradera en el tiempo. Debemos ofrecer nuestro apoyo a la persona que queremos, pero haciéndole saber a la misma vez que tenemos un tope y que hay ciertos comportamientos que no vamos a aceptar, siendo consecuentes con lo que decimos y llegando a marcharnos incluso de la misma habitación si se están sobrepasando estos límites.

Para terminar, comparto una relación de **pautas específicas** que he ido recopilando a lo largo de los años y que me han sido de utilidad a la hora de comportarme en diferentes situaciones:

-Hay frases generales que suelen funcionar para tratar con la mayoría de las personas que estén cabreadas; primero escuchando y haciéndole ver que comprendes lo que te está explicando; después podemos decir que lamentamos que esté pasando por esa situación, para luego preguntarle cómo se solucionaría el problema y así saber qué podemos hacer exactamente nosotros por ayudarle.

-Mantener las rutinas familiares y sociales como sea posible, permaneciendo en contacto con la familia y con los amigos. **En la vida hay algo más que problemas, y no tenemos por qué perdernos esos buenos momentos.**

-**Establecer límites** de forma precavida, expresando hasta dónde estás dispuesto a soportar. Hay ciertos patrones comunes en todas las personas que tienen una relación con alguien que padece TLP, y se les pueden manifestar de forma clara para que sepan qué pueden esperar de nosotros. Estos patrones van desde la necesidad que tenemos de vivir exentos de abusos emocionales o físicos, de vivir liberados de continuas críticas y acusaciones, hasta ser escuchados y tratados con respeto, como también a tener nuestro propio punto de vista.

-Para solucionar un problema familiar cuando hay varios miembros adultos en la vivienda o en el entorno, es importante que todos se impliquen y saber hasta dónde está dispuesto a asumir cada uno para resolver el problema, permitiendo que todos aprendan de la realidad.

-**Comunicarnos en primera persona y no en segunda** para evitar hacer acusaciones, evitando desencadenantes que puedan ocasionar una pelea y así expresándonos desde lo que nosotros sentimos. Utilizar el “yo siento que…” en vez del “es que tú has hecho tal cosa…”, de esta forma evitaremos que la otra persona se ponga a la defensiva. Es más útil decir que *“últimamente me siento cansado porque me levanto yo por las noches a cuidar al bebé”*, que decir que *“estoy cansado porque tú nunca te levantas por las noches a cuidar al bebé”*.

-A mí personalmente me resulta útil pararme a pensar para lograr tener más paciencia aún, para saber que quien grita y me insulta irracionalmente en momentos de crisis es la enfermedad, y no ella, y así entender que cuando ella me trata mal y me ofende, lo que realmente hace es que me está pidiendo socorro.

Cuando peor te trata es cuando más te necesita.

-La forma más efectiva de ayudar a una persona afectada por un TLP es detener la continuidad del síntoma (no hablar del tema en plena crisis y dejar que pase), utilizando todas las estrategias que hemos visto para intentar bajar la intensidad de las emociones.

-Respecto a las relaciones entre las personas, normalmente tratamos más con los que más queremos, y cuando tenemos un mal día, tenemos la torpeza de pagarlo con el ser querido que tenemos a nuestro lado, en vez de buscar allí refugio, amor y comprensión.

Usamos a nuestra pareja, amigo, o familiar como saco de boxeo, añadiendo un conflicto más al que hemos traído de fuera, en vez de intentar que **nuestra casa sea un búnker que nos proteja de los problemas del exterior**. Tenemos que ser conscientes de que todos tenemos nuestros propios problemas y que todos queremos en nuestro interior buscar soluciones para salir airosos. Si solo pensamos en nosotros mismos, podemos caer en el error de tratar a nuestros allegados casi como enemigos, para que sean nuestras emociones y nuestros sentimientos los que salgan victoriosos. Llevamos nuestras emociones hasta las últimas consecuencias, solo para tener la ilusión interna de que hemos salido favorecidos. Pero si pensamos que al igual que yo, la otra persona también intenta lo mismo, que sufre igual que yo, bien podríamos colaborar para salir los dos ganando y mejorar la situación para ambos.

-No malgastes el milagro de la vida en estar lamentándote, disfruta de las cosas buenas, **aprovecha este instante único que es el presente** y que no regresará jamás.

-Demostrad tantas veces como podáis las muestras de cariño y afecto, y no perdáis la oportunidad para decir te quiero y abrazar a la persona que tienes al lado. **Con un abrazo de al menos diez segundos, se produce un efecto terapéutico tanto para el cuerpo como para la mente.** Libera oxitocina que nos ayuda a relajarnos, a sentirnos seguros, a superar nuestros miedos y a paliar nuestra ansiedad. En varias ponencias lo he escuchado y siempre me hace reflexionar: ¿De verdad hay que esperar a que alguien caiga muy enfermo o vaya a morir para decir que lo queremos y abrazarle? Las agujas del reloj corren inexorablemente para todos y nunca nos planteamos que perderemos a un ser querido algún día y todos los momentos que habremos vivido juntos acabaran para siempre.

Debemos sentirnos afortunados AHORA que tenemos a esa persona con nosotros y podemos pasado todo el tiempo posible junta a ella.

-Nutrir y fomentar la pareja con pequeños detalles y gestos de amor, como cuando empezó la relación: daros un baño relajante juntos, dejaros notas escritas con mensajes cariñosos o sorprenderos con las cosas que más os gustaba hacer. Intentar ir a la cama juntos por la noche para favorecer la intimidad y la conversación.

****

Con todo esto espero haber arrojado un punto de luz ante las situaciones que tenemos que afrontar en el día a día, dando a la vez esperanza a los familiares (deseo de corazón que este libro pueda servir de ayuda de alguna manera) y a las personas con TLP, siendo conscientes de que pueden funcionar de forma autónoma y normalizada cuando su conducta TLP no es desencadenada y siempre que el grado de la enfermedad no sea tan grande como para estar ingresado, donde lógicamente requerirá más ayuda psiquiátrica, además de todo el apoyo del mundo.

-Somos el resultado de la media entre las cinco personas con las que más tiempo pasamos. **Rodéate también de personas que aporten luz a tu vida y emociones positivas.** Para poder ayudar a los demás necesitamos también aprender a pedir cuanta ayuda sea posible: Es fundamental contar con el apoyo de familia, amigos, profesionales, instituciones, etc. Si ponemos en práctica todas las habilidades que ya tenemos innatas en nosotros y que solo hay que desarrollarlas, ganaremos en nuestras relaciones sociales con otras personas, a comunicarnos de una manera correcta evitando malos entendidos y malas interpretaciones con los demás. Estaremos más centrados en situaciones adversas bajo alta presión, dominando nuestras emociones y nuestros impulsos.

Todos hemos oído la expresión *<<si la vida te da limones, haz limonada>>.*

De todos los sucesos que vivimos podemos extraer un aprendizaje y algo positivo que nos servirá para nuestras vidas, aprendiendo a buscar diferentes soluciones a la hora de enfrentarnos ante un problema e impedir en la medida de lo posible, que vuelva a repetirse en un futuro.

Que sepáis que no estáis solos, y que deseo que estas palabras os acompañen en esos momentos en los que no encontráis la tranquilidad, y que os den la serenidad que necesitéis para seguir caminando. Considero que tengo las mismas capacidades que cualquier persona, y seguramente ahora mismo confío más en tu posibilidad de cambio y en tu capacidad de desarrollo personal de lo que tú mismo confías en ti en este momento. Pero **si yo he podido, tú también puedes.** Aprovecha estas herramientas y continúa formándote e informándote hasta ir obteniendo todas las capacidades que necesites, tal como han hecho otras personas antes que tú, y que ahora pueden manejar mejor ciertas situaciones. Como dijo Anthony Robbins, *"no importa cuántas veces te equivocas o con que lentitud progresas, sigues estando muy por delante de los que ni lo intentan"*.

Miguel Olivares

BIBLIOGRAFÍA

- Frases de Will Smith: https://www.reorden.com/elegimos-caminar-juntos-nuestros-caminos-separados
- Blog de la mente es maravillosa : https://lamenteesmaravillosa.com/el-poder-de-nuestras-palabras/
- https://www.trastornolimite.com/tlp/los-sintomas-ocultos-en-el-trastorno-limite-de-la-personalidad
- Libro "Deja de andar sobre cascaras de huevo" de Paul T. Mason
- Web http://www.cuidatusaludemocional.com/pensamientos-negativos.html
- Tuits del escritor motivacional Espíritu González: https://twitter.com/spiritugonzalez
- Frases de la película *About time (Cuestión de tiempo)*
- Iniciación al mindfulness de Vicente Simón: https://www.mindfulnessvicentesimon.com/
- PNL de Salvador Gálvez: http://www.escuelaespnl.com/blog/masonry-blog/ o también http://salva-galvez.blogspot.com/
- Novela "*Cuando despertó*" de Francisco González: https://www.facebook.com/photo.php?fbid=2581095318600198&set=a.194083240634763&type=3&theater contacto@escritorfranciscogonzalez.es

www.ingramcontent.com/pod-product-compliance
Lightning Source LLC
LaVergne TN
LVHW012113160826
845678LV00014B/3076

9788494961571